张山梁 著

和雨

海峡出版发行集团 THE STRAITS PUBLISHING & DISTRIBUTING GROUP | 福建人民出版社 FUJIAN PEOPLE'S PUBLISHING HOUSE

图书在版编目（CIP）数据

和雨 / 张山梁著. -- 福州 : 福建人民出版社,
2025. 6. -- ISBN 978-7-211-09871-2

Ⅰ. B248.2

中国国家版本馆CIP数据核字第2025HL3834号

和雨

HEYU

作　　者：张山梁
责任编辑：张　园
美术编辑：林　玲
责任校对：陈　璟
出版发行：福建人民出版社
电　　话：0591-87604366（发行部）
网　　址：http://www.fjpph.com
电子邮箱：fjpph7211@126.com
地　　址：福州市东水路76号
邮　　编：350001
经　　销：福建新华发行（集团）有限责任公司
印　　刷：福州力人彩印有限公司
地　　址：福州市晋安区新店镇健康村西庄580 号9 栋
开　　本：787毫米×1092毫米　1/16
印　　张：11.75
字　　数：162千字
版　　次：2025年6月第1版
印　　次：2025年6月第1次印刷
书　　号：ISBN 978-7-211-09871-2
定　　价：29.00元

一曲沧浪击壤听

——拜读《和雨》并作小序

每个人都有自己对美好生活的需要。生活是由连续不断的“事”构成。个体面对自然界、人类社会以及自身身心时，难免产生疑问，有问题就有答案，这种问答间的衔接，就是“事”。想让生活变化，就要学习。读书是学习的重要形式。一部好书，不仅有流畅的语言文字，而且蕴藏作者的生命境界、价值诉求和人生阅历。读了之后，自家受用，激发内心的和乐，促进社会的生趣。张山梁先生的《和雨》就是这样一部好书。拜读这部好书，我体悟出“靠趣味去生活”的真谛。

张山梁先生契合圣贤之道，洞悉“乐趣就在自己活动上，而不在被动地享受于外。”愚以为，《和雨》犹如一坛醇酒，隔着容器就能闻到它的清香。王阳明《劝酒》云：“平生忠赤有天知，便欲欺人肯自欺？毛发暗从愁里改，世情明向笑中危。春风脉脉回枯草，残雪依依恋旧枝。谩对芳樽辞酩酊，机关识破已多时。”与一般学者著书立说不同，张山梁先生用“心”写作，用“心”记述，让世人有机会乘舟上岸、过桥成行。即便明了“此心光明，亦复何言”，也不忍独自享用圣贤之道给生命带来的滋养。以“不忍”的精神，驾驭文字，整理图片，让广大读者反求诸己，找到每一个人与生俱来的“忠赤”，存真心，做真人，有真趣，在纷繁复杂的世界中任势而为，与时偕行。作为张山梁先生的忠实读者，我推崇童心，盛赞赤子之情，因为其中饱含蓬勃生命力，足以为现代人安身立命。

德不孤，必有邻。张山梁先生禀赋敦厚，好学敏求，在学术界有着相当高的知名度、相当大的影响力。然而他谦虚谨慎，不骄不躁，积极向学界前辈求教，增益见闻，积累知识，深化对圣贤之道的认识。这就是合内外之道的真实写照。读者可从《和雨》中得到启发。王阳明曰："君子戒慎于不睹不闻，省察于莫见莫显，使其存于中者，无非中正和乐之道，故其接于物者，自无过与不及之差。"做工夫，慎交游，在生活中随处体认天理，涵养乐趣，这是张山梁先生给我们展示的人生智慧。读书就要读这样的书，做人就要做这样的人。人、书渐入化境，这既是我的深切期望，也是我的诚挚祝愿。

读万卷书，行万里路。读书行路，浸润于"阳明丝雨"之中，是我们共同的人生轨迹。在儒学传统中，我们共享"民胞物与"的社会理想，认同"游者，如游乎父母之怀，如游乎圣人之道也"，活泼泼，乐呵呵。己欲立而立人，己欲达而达人。将自己的绵薄之力投入中华优秀传统文化创造性转化和创新性发展的事业之中，功成不必在我，功成必定有我。我虽小，舍我其谁？有时候，行万里路是为了工作。工作意义在于实现人生理想。苏君禹曰："古者，丈夫桑弧蓬矢以射四方，而童观、窥观者，以小人女子目之，故在乡井之日少，而在逆旅之日多。孔孟一生，皆旅人也。"与孔子、孟子一样，王阳明一生颠沛流离，波澜起伏，身心受到砥砺，学问经过检验，让利根、顿根都能登堂入室，洞彻心源，事上磨炼，在经世致用的过程中认识自己。《易意》曰："圣人不讲独善之学，必以治世为上。"张山梁先生在"闽地心雨"部分，讲述了王阳明的事功、《阳明先生集要》四次印行和流传域外、王阳明亲裔在武夷、福建阳明文化遗存、地域文化视域下的福建阳明学与闽南文化、新时代漳州阳明学传承发展等"好故事"，使阳明学从学者著作、学术会议、历史遗迹转化为百姓生活日用，润物无声，助力实现美好生活需要。从阳明学中汲取社会治理的养分，造福闽地，堪称讲好中国故事的典范。

生命有根有魂，家国天下情怀方有寄托处。什么是情怀？情怀就是实践活动的推动力。什么样的情怀能够强力推动实践活动？答案很简单，那就是“养正”的情怀。《和雨》充盈着“养正”的情怀。《火传》曰：“天地养万物，圣人养万民，皆以养为道者也。圣人养民必先养贤，而养之所及者始博。圣人求养民之贤，必先求能自养之贤，未有自养以正而不能养民者也。观者，自贤人观之也，观上之所养，果皆能自养者否？观己之自养果能为上所养者否？古贤人不肯轻受人养，正惟详于观耳。是之谓养正。”或许有人会问，自己作为万民之一，明明是自己通过劳动养活了自己，为什么要说“圣人养万民”？这个问题非常犀利，十分深刻，极富现实意义。圣人养万民，与个人通过劳动养活自己有所不同，其根本在于反对丛林法则，捍卫人的尊严，让人区别于禽兽，先富而后教。否则，他人即是地狱，这个世界很难变好。任何漠视万民福祉的举措，都是禽兽之行。人类社会要想变好，就要从中华优秀传统文化中寻找启迪。圣人通过善治造福万民，大致说来，就是访求能够自养的贤能，委以重任，让他们在不同的工作岗位上发挥积极作用，进而使万民过上好日子。在这个过程中，贤能得到了回馈，民众得到了实实在在的幸福，公序良俗得到了维系，人类社会得到了发展……总之，“养正”落在了实处。张山梁先生在“和邑风雨”这部分将传承中华传统美德、发扬革命道德、借鉴人类文明优秀道德成果贯通起来，让“养正”在新时代焕发生机，让更多人筑牢历史自信、增强历史主动，以强烈的历史自觉和进取精神共同推进中华民族伟大复兴。

今天，我们为什么读书？愚以为，“明体达用、体用贯通”是最贴切的回答。王阳明有诗云：“静虚非虚寂，中有未发中。中有亦何有？无之即成空。无欲见真体，忘助皆非功。至哉玄化机，非子孰与穷！”尤其面对《和雨》这样的好书，我们更应该眼明心亮胆气壮，好好地去读此书。张山梁先生食髓知味，跟读者分享“食嘉肴”和“至道学”的心得，向读者展现“知行合一”的历程，将“一个工夫”融入生活，使生命畅达舒展，让每一位读者体认“乐者，心之本体也”的真谛。

序以建言，首引情本。我不辞固陋，写下这些文字，旨在抒发胸臆，表达情感，将心中所思尽付笔端。八闽大地，山泽秀丽。黄道周曰：“泽在于外，山在于内，内利而外贞，时雨所归，云气蔚蒸，贤人四至，而载于高位，夫非有道而能如此乎？”这是综合创新的坚实根基，这是阳明学薪尽火传的生动写照，这是《和雨》这部好书的异彩。

京口归愚叟　陈寒鸣

目录

CONTENTS

127 和邑风雨

阳明丝雨

黔行记

“终于成行了。”

当我踏上开往贵州高铁的那一刻，脑子里蹦出的第一念想就是“终于成行了”。这次贵州修文阳明文献研究中心举办的“阳明文化遗产保护研究与开发利用学术研讨会”，一波三折，从筹备到开幕，可谓是跌跌撞撞，前前后后耗时一年多，差一点就胎死腹中，终因杨德俊老先生的坚持与执着，才得以圆满举办。

2022 年 6 月参加在贵州修文举办的“阳明文化遗产保护与利用学术研讨会”

于我而言，也是自叹不易。今年恰逢王阳明550周年诞辰，各地以此为由头的学术研讨、纪念活动此起彼伏，影响颇大。6月上旬，福建省里要求漳州市要重视挖掘阳明文化资源，打造特色文化品牌。于是乎，漳州有关方面就谋划年内完成的“五个一”系列活动，即：在《福建日报》刊发一期阳明文化专版，举办一场全国性学术论坛，创建一个阳明文化展示中心，拍摄一部《王阳明与平和》微电影，出版一部《闽中王学研究》。这些具体而又繁琐的事务，大部分将由我承担落实。一个字“忙”！忙得像陀螺一样，转个不停，恨不得有个分身之术。“这可能是我最后一次召集老朋友到修文聚一聚的活动了”，杨老先生这一句话，感慨岁月匆匆的无奈，让我无论再怎么忙，也得赶过去参加。杨老先生与我相识相知多年，彼此处世性格、学识观点多有相近相似，或许从他的身上可以窥见自己未来的些许境遇。于是，尽管从厦门乘机赴黔的渠道因疫情突发而走不通，我还是改乘近10个小时之久的高铁，远赴贵州，赶到修文，既向阳明先生奉上一束菊花，表达闽中学人的一份虔诚，又得以出席杨老先生自筹资金举办的全国第一场以民间资金组织举办的阳明学术研讨会。一场不花公共

2022年6月参加在贵州修文举办的“阳明文化遗产保护与利用学术研讨会”期间参观蜈蚣桥

财政一分钱的纯民间学术会议，一场以文化老人的执着和对文化价值的坚守而催生的研讨活动，一场让一位年过古稀老人因筹办受阻心酸而言之哽咽的文化交流。毋庸置疑，文化是人类永恒的精神遗产，但一直以来就缺乏助力擢升的功利属性；文化是不朽的，却满足不了当下人们追求“短平快”欲望的需求。但无论何时何地，我都相信杨老夫子的泪花里闪耀着文化的光芒和剔透的灵魂。因为，文化不朽。

修文，于我而言并不陌生，我也曾多次前往参加学术交流，拜谒圣贤遗址，然而都是空中去、空中回。是的，今日的科技让人们忘却了曾经的路遥漫漫，道途崎岖，无法感受往圣先哲曾经的艰辛与危难。我不知道的是，明天的科技，又将会让后世诸生忘却什么？但愿不要忘记那生生不息的华夏文明因子和博大精深的中华优秀传统文化！

这次的高铁往返，从南昌到贵阳这段路程与当年阳明先生赴谪修文的行经线路，大致相近，权且是大写意历览阳明赴谪之路吧。不亦快哉！钱德洪的《王阳明年谱》虽未有记载阳明先生赴谪行经途中发生的各种事件、遇到的各种人物，但并不意味着这千里迢迢之跋山涉水的行程是一帆风顺的。我想，当年的钱德洪在编撰《年谱》时，应该没有沿着先生贬黔之路重走一番吧，所以略写了谪旅的经历、览胜的风情。我们却可以从阳明先生所作的《广信元夕蒋太守舟中夜话》《宿萍乡武云观》等数十首谪旅诗中，多少感受谪旅途中的艰险与磨砺，依稀看到先生跋山涉水的身影与履痕。从这个意义上说，诗，志也。

考究探微文化脉络，还原历史真相，田野考察是极其重要的途径。之前曾三莅修文，但足履都局囿于城区范围，除了东洞，就是玩易窝。这次因是小范围的文化活动，杨老先生想尽办法，调用了多部私家车，组织我们这些外地的十几位“道友”翻山越岭，考察了三个与王阳明《象祠记》《瘗旅文》有关的地方：蜈蚣桥、天生桥和三人坟。昔日，王阳明触景生情而提笔疾书，留下千古名篇；今天，我辈循佳作寻旧址，慕名观瞻。

明正德三年（1508），谪居修文的王阳明应贵州宣慰使、彝族土司安贵荣之邀，从龙场出发，前往灵博山（位于今黔西市素朴镇灵博村），为彝民重修象祠作记。途中，王阳明经过天生桥（位于今修文县谷堡镇天生桥村），看到一泓流水从天生桥洞飞泻而过，留下白练一般的水光，感慨万千，试想如若将如此恢宏之桥移放在长江之中，至少还可以发挥其渡人、济险之用。王阳明联想到自己的不幸，因不畏阉党强权，直抒胸臆，上奏《乞宥言官去权奸以章圣德疏》而受廷杖、下诏狱、贬谪戍，流放在蛮荒之野，如同这苍天之造物虚摆在万山之中，毫无作用，难免心生怀才不遇、圣人之志难酬的伤感。睹物生情的王阳明留下了一首脍炙人口的《过天生桥》诗："水光如练落长松，云际天桥隐白虹。辽鹤不来华表烂，仙人一去石桥空。徒闻鹊架横秋夕，漫说秦鞭到海东。移放长江还济险，可怜虚却万山中。"表达唯有物尽其用，才能显示物品的价值所在，暗喻一个人只有人尽其才，其社会价值、生命意义才得以充分彰显，否则徒有生存的概念而已。

之后，王阳明沿着蜈蚣坡的驿道，信步走过蜈蚣桥、住宿六广河驿，之后来到象祠。王阳明深入了解象、舜之间的恩恩怨怨，以及象在舜的感化之下改恶从善等情况之后，从人性本善的角度出发，以"心"化人，奋笔疾书，一气呵成写就了鸿篇巨制，阐述了"天下无不可化之人"的哲理。蜈蚣桥始建于明洪武年间，由奢香夫人所建，用于连接九个驿站的关键通道。之后，安贵荣、安国享先后于明弘治、万历年间两次重修。然今日所见之蜈蚣桥，已是2018年所修葺的，尽管不是王阳明当年走过的弘治年间重修之桥，但从其残缺的护栏，依稀可见曾经的巧夺天工，一桥贯通两岸青山，如大虹贯天，大虬压海之状，可见当年建桥技术之娴熟。蜈蚣桥通往天生桥的古驿道之间，举目望去，依然是青石为路，两侧除了挺拔的树木、蔓丛的杂草之外，还有稀稀拉拉的几垭玉米田，如此这般情景，与王阳明谪居时代，改变不了多少。即使放在今天，在如此复杂的环境之中，却有这般恢宏之桥横卧在急流之上，霞飞天外，龙横水心，还以彝文立碑叙事，也不得不为之叹服，何况是五百多年前。

无论是奢香夫人将修桥造路视为“牧民之具”，还是安贵荣修建象祠请王阳明作《象祠记》，以文化人，或是安国享重修蜈蚣桥，告谕彝民“无负国家之厚恩”……所有这些，让吾侪对奢香夫人、安贵荣、安国享等一批当年贵州少数民族政治家的远见卓识以及对以文化人的强烈文化意识所折服。今人，不应该更不可轻看古人的智慧和人格！

明正德四年（1509）秋，一位从京城过来的吏目，带着一子一仆行经龙场，欲往南边赴任，然不幸客死于蜈蚣坡驿道。王阳明闻知三尸暴露荒野，恻隐之心油然而发，便率领两位仆童来到蜈蚣坡，将吏目等三具尸体掩埋，使得入土为安，并奉上鸡、饭等祭品，亲撰《瘗旅文》哀悼凭吊，抒发“同是天涯沦落人”的无限伤感与哀愁，加之两首祭歌殿后，以歌

位于贵州修文的中国阳明文化园大门

当苦，宣泄了自己居夷的愤懑与抑郁之情。

如果没有《瘗旅文》的广为传诵，贵州蜈蚣坡驿道上的“三人坟”，除了一丘茔冢之上的青草萋萋，随风摇曳，定然无人关注、无人问津，更不可能成为“省级文物保护单位”。清乾隆十年（1745），贵州通判孙谔、修文知县王肯谷二人，因被阳明先生的《瘗旅文》所感动、所触发，特地赶到蜈蚣坡寻找三人坟，但见“蛮童猓女往往樵牧其间”，即使是当地人也几近忘却三人坟的具体位置，可幸的是“有老生，年七十，扶杖拨藤，导引而至墓前，则荒烟蔓草，几莫能辨”，两人倍感悲伤怆然，于是“捐金筑墓立碣”，通判孙谔撰碑记、知县王肯谷作跋叙之。这，足以证明《瘗旅文》的魅力，是一文之力，请得两位高官踏勘荒野土坟。然而可笑的是，20世纪中叶，有盗墓者以为“三人坟”乃明代之古墓，定有稀世珍宝，遂毁墓而盗，收获空空如也。我想，盗墓者尝若熟读《瘗旅文》，细看孙通判之碑记、王知县之跋文，便知墓中毫无宝贝可偷，也免得吏目等三人在数百年之后，又被打扰一番。吁！三人坟因《瘗旅文》而闻名，成为“文保单位”；又因盗贼之无知而被挖，成为“毁容之墓”。可悲可叹！

其实，没文化并非没有知识、没有文凭。有的人虽拥有一张足以令人耀眼的大学文凭，且还身居要位，却不懂得生命的情感本真，不懂得安顿那颗欲望汹汹的心，甚至是为了不可言语的某种目的，不择手段，以豪势重金压制他人。不是他们没有知识，而是没有安顿那颗充满欲望的“心”，是“心中贼”作祟，不懂得生活还需要烟火气息，更不懂得体恤底层民众的生活艰辛。所以阳明先生才有言：“破山中贼易，破心中贼难。”

夕阳心　元初情

处处中秋此月明，不知何处亦群英？
须怜绝学经千载，莫负男儿过一生！
影响尚疑朱仲晦，支离羞作郑康成。
铿然舍瑟春风里，点也虽狂得我情。

明嘉靖三年（1524）中秋之夜，丁忧赋闲在家的王阳明，在伯衙府的天泉桥上，仰对一轮当空皓月，写就《月夜》一首，与诸生一起放歌吟诗，抒发情愫。五百年后的我，虽没有吟诗的豪迈，但却一直朝着挖掘、弘扬福建的阳明文化的远方前行……是的，“莫负男儿过一生”！

壬寅中秋日，云轻风淡，秋高气爽；海沧天竺山，青山墨黛，氤氲升腾。我乘着中秋假日之机，驾车来到天竺山，凭吊山上真寂寺的阳明后学李材讲学处，微风拂过，见罗先生那讲学的声音依稀还在空谷中回荡传诵；探访山下赤土社的元初阳明学堂，传习有痕，其处灯火始终明亮，闪耀着文化的光芒。

真寂寺位于海沧区天竺山森林公园内。清嘉庆《同安县志》记载：“真寂寺在安仁十二都夕阳山下，初名义安。唐宣宗龙潜时，与黄檗禅师观瀑吟诗，于此登极，后敕赐今名……明洪武辛未（1391）僧雪峰重修。”唐宣宗还在此留下“惟爱禅林秋月空，谁能归去宿龙宫。夜深闻法餐甘露，喜在莲花法界中”的诗句。可见，真寂寺是一座底蕴深厚、历史久远的闽南名刹。历经千年岁月的洗礼和几多废建的轮回，今日观之，已然是修葺一新，无有古拙质朴幽深之感，更无“禅林秋月”之空寂。如若没有那十来根竖立在大雄宝殿左侧护坡边上的残缺旧石柱，以及散落在地上的零星石构件，人们很难想象这里曾经有座龙潜于此的千年寺庙。“真寂禅堂空色相，夕阳梵语发天机。”一首刻于残断石柱上的对联，默默诉说过往梵音绕梁的禅修盛况。于我看来，这寥寥无几的石刻文字留存传世，才是真寂寺遗址最为珍贵的文化基因，也是最为重要的物质遗产吧。石柱有形无语，但愿能得到妥善保存，不再餐风饮雨。

自古以来，寺院的一个重要功能就是开堂讲学，教化民众，以文化人，以文度人。多少文人墨客时常到寺院举办会讲，阐释传播思想文化。明万历丁酉（1597）三月初七至十一日，应福建提学副使徐即登的邀请，阳明后学李材来到真寂寺，开讲“修身为本”之旨，以此揭为性命枢纽，在漳、泉交界的地方传播姚江之学。此举在当时的泉州、漳州文化圈中

真寂寺山门

引起较大的反响，可以说是一场文化盛宴，以致前来听讲的，除了泉州府属下的晋江、同安、南安、安溪、德化五县外，还有漳州府的龙溪、长泰、南靖、镇海卫，甚至还有莆田的学子、士绅70多人，尤以同安籍居多，达42人之众。不仅如此，具体操办这次会讲的召集人是刚刚担任同安知县不久的洪世俊，他还带领县教谕叶宗舜、司训王埴等多名县衙官员参会听讲。为此，李材还为此次会讲撰写《夕阳寺会记》，详细记述会讲的缘由、经过以及参会的姓名。回想自己，这几年参加的国内数十场阳明文化论坛、研讨会，也操刀筹办过四场阳明文化活动的情景，今日再细读李材《会记》，犹如身置其间，当年会讲之盛况、先生之身姿，就像影片一样，突破了时空的阻碍，一帧一帧浮现在眼前。也许，这就是一种文化符号的记忆与传承吧。

李材字孟诚，别号见罗，江西丰城人。初学于阳明弟子邹守益，学致良知之学，后稍变其说，以“止修”为宗。黄宗羲在《明儒学案》中特地为李材开列《止修学案》一卷。此次会讲的策划者徐即登既是李材的丰城同邑人，也是其门生。明万历十五年（1587），李材因“云南事件”被系下狱，那时的徐即登在礼部为官，便经常到狱中向李材问学，彼此之间就有了“道谊传承”之师生关系。洪世俊执掌同安九年，十分重视文化教育事业，使得同安一邑“弦诵益广，文学斌斌”。我想，或许是李材、徐即登、洪世俊三位先贤的文化认知相近相似，才使得会讲得以圆满举办。从某个意义上说，李材是幸运的，遇到了徐即登、洪世俊两位有文化情怀的官员。文化的有效传播推广，离不开执政者的支持与推动，毕竟官员掌握着各种丰富的政治、社会资源，那是学者们所难于企及的。

阳明后学徐即登尽管主掌当时的福建教育事业，但在朱学重镇福建推广阳明学，同样也遇到来自各方的阻力。然而，徐即登始终高扛“崇圣学，正文体”的大旗，以此为由，时常召集一大批弟子门生，开讲宣扬姚江之学，

真寂寺遗存石柱构件

与诸生穷性命指归，使得当时的福建士风为之一变。邀请李材到真寂寺会讲的举动，印证了徐即登不遗余力地弘扬、传承、发展阳明心学的一个事实。阳明学在福建的传播、发展，从来都不是一帆风顺的。

当下，阳明心学成为“增强中国人文化自信的切入点之一”，已然演变成为“显学”，甚至出现了“阳明热”。在距真寂寺不远的天竺山下，有一个赤土社，由元初食品企业投资的“阳明学堂”于今年三月在此“开门迎客”。也就是在李材真寂寺会讲的425周年之际，同样是阳春三月，同样是天竺山，同样是推广阳明学，可谓是不谋而合。

元初作为一家食品连锁企业，深受阳明心学的影响，积极倡导“敬天爱人”经营理念，坚持“崇敬自然，敬畏天地，与人为善”，在天竺山下租用一座闽南老宅，创建阳明学堂，以此为阵地，纪念阳明先生，学习阳明文化，不定期开展企业团建、员工培训等活动。

步入学堂，两旁张贴了十几张展板，重点展现了王阳明与福建的关系，而大部分资料则源自本人的文章，看了还是蛮亲切的，多多少少也有点成就感。我更感兴趣的则是一幅元初企业自己创意的画，名为《赤土守初图》，画中描绘了赤土的犁田、书院、戏台，以及边上天竺山等风景，其左侧题款为："1517年，阳明巡抚南赣汀漳。平乱正心，戎马笔墨，开始立功立德立言。1842年壬寅年，南京条约，五口通商，次年厦门开埠，中华百年屈辱。2022壬寅春，滴水穿石，一元初始，元初十一岁诞辰。立赤土学堂，悟守仁良知；喜东屿新枢，读敬天爱人。真三不朽，知行合一，守元若初。"阐释了元初企业理念与阳明心学的渊源。一个人、一个企业、一个民族，都需要文化的浸润与滋养，元初以阳明学为宗，塑立企业文化品牌，这与当年同安知县洪世俊邀请李材到真寂寺会讲异曲同工。

回望天竺山，无论是昔日的真寂寺会讲，还是今天的元初阳明学堂团建，我始终能看到阳明文化绽放光芒，心灯照亮。是的，须怜绝学经千载。唯有如此，方可无悔初心。

飞锡踏风行

位于武夷山市五夫镇的朱子塑像

“东周出孔丘，南宋有朱熹。中国古文化，泰山与武夷。”这是著名历史学家蔡尚思于1988年为武夷山朱熹研究中心所题，也是武夷山人引以为豪的一句城市广告语。武夷山，我已来过多次。年轻时，更多是到此饱览山河秀色，领略武夷山的雄奇与秀美；而今，丹山黛林秀水已然不是我所钟情的，探朱子，问阳明，或许才是我踏上行程的原因所在。

这不，壬寅清秋，我又一次来到武夷山，参加福建省闽学研究会与浙江省儒学学会联合举办的“新时代宋明理学的传承与创新：以朱子学为中心”学术研讨会。

“险夷原不滞胸中，何异浮云过太空。夜静海涛三万里，月明飞锡下天风。”当年遁迹武夷的王阳明，题诗壁间的这首《泛海》诗句，是何等洒脱空灵，展现了一位不惧险恶、豁达自信的儒者气度与胸怀，给后世诸生留下了人生自信的精神遗产。明正德二年（1507），36 岁的阳明先生受到阉官刘瑾的构陷、追杀，逃奔到武夷山，叩寺求宿而僧不纳，只得趋步野庙，倚案而卧。首次入闽，竟是如此不堪。人生困顿至此，身心俱疲的王阳明遂萌发逃遁之念，以求清净之生活。经老僧一番点拨提醒，胸中所有的滞疑困惑，在须臾之间荡然无存，一片洒脱，一心光明，便留下此诗表明心志。归钱塘，赴龙场，悟得“圣人之道，吾性自足”之理，在中国思想史上矗立起一座高峰，至今无人跨越。这，就是圣人之境界。常人与圣人的距离，看似很近，但却如鸿沟一般，难以逾越。因为常人缺的是“浮云过太空”的自得与豪迈，缺的是“飞锡下天风”的气概与志向。我经常在想，如果王阳明没有遁迹武夷这一遭遇，或许就没有“龙场悟道”这一成就，中国思想史上也就少了光辉灿烂的一页。对于阳明先生而言，武夷山是其人生的一处重要“福”地。

武夷山是朱子成长地、讲学地，更是其思想的成熟地。可以说，武夷山是朱子理学的摇篮地。位于天游峰下，九曲溪畔的朱熹园，其实就是当年朱熹在此传道授课数十载的武夷精舍遗址，如今还保留着清代重修精舍的残垣断壁。韩元吉《武夷精舍记》：“（当年朱子）与其门生弟子挟书而诵，取古诗三百篇及楚人之词，哦而歌之，潇洒啸咏。”今日，我站在精舍遗址之间，仿佛可以看到朱夫子讲授“四书”孜孜不倦的身影，“大学之道，在明明德，在亲民，在止于至善……”的读书声回荡在耳边，穿越数百年的时空，依然清晰明朗。更为有幸的是，陪伴恩师瞻仰朱子讲学之地，聆听他对“以人为本”与“以民为本”两个概念的阐述，以及二者之间的区别、关联；聆听他对“如果没有中华五千年文明，哪里有什么中国特色”的体会……在此期间，吴老师还将我叫到房间，单独面提解惑，并告诫儒者应以“义”为先，切不可逐利而忘义。恩师现场予我点读阐释、面提告诫，与当年朱夫子给诸生的讲学授课一样，都有启迪教化之功、诞敷文德之效。面对面的传道授业方式，是最为有效、便捷的，是任何先进技术都无可取代的。这，就是中国人始终坚守的文化传承主渠道，也是中华民族精神源远流长、传承不息的关键所在。或许，这也是近年来全国各地书院恢复、兴起的原因之一吧。

其实，我这次舍弃乘坐动车而以自驾的方式，提前半天赶抵武夷山，还有一个重要原因，就是方便寻找见罗书院遗址。

武夷山见罗书院，位于九曲星村后溪山坡上。明万历二十四年（1596），阳明后学李材结束谪戍镇海卫的生涯，时任福建提学副使的门生徐即登，为迎接其到武夷山讲学，历时一年有余而建成，名曰“星村精舍”。李材卒后，后学肖像祀之，改名“见罗书院”。明末毁于兵灾战火，其孙二人复建未果。阳明学得以在武夷山的传播，除了阳明先生亲履数月，讲学其间之外，最为重要的是李材在此深耕讲学八年之久，以致“四方朋来，屦满户外”，门生弟子遍及闽、赣、浙，以闽北犹多。时任建宁府推官的郭子章甚至认为：“武夷之著始于文公，继以文成，又继以先生，五百年内，三宅贤人，盖不为不幸矣。匪直兹山为然也，斯道之明亦复如是。三先生者，非相与共明大学之道者乎？”将李材在武夷山的道统文化传承中作用，与朱熹、王阳明相提并论，不可谓不高也！应该说，明中后期阳明学在福建的传播、发展过程中，李材发挥了极大的作用，是一位无法绕过的重要人物。除了在谪戍地镇海卫、隐寓地武夷山讲学之外，他还在漳州、泉州、汀州、兴化等多地留下不少讲学的足迹。很可惜，我两次寻找见罗书院遗址的具体位置，均无果而返，吾将继续求索，决不放弃。因为踏风而行者，未有止焉。于寻找文化遗址而言如是，于弘扬、传承、发展阳明文化更是如此。

在五夫镇瞻仰朱子手植树、礼敬朱子像之后，与宏敏、银辉两位同道，绕道数百里路程，奔袭而往江夏学院，与永年、旭君等道兄商定王阳明文化馆的布展大纲，在闽地高校推广阳明文化。行者，永远在路上……

吾心光明

对于县一级的政协委员来说，提案或许是参政议政最为直接、最为便捷的途径。而对于当地党政机关，也迫切需要收集联系广、民意多的政协委员提案。特别是在党政领导大多异地交流的当下，挖掘地方文史资料、传承地域文化更是政协委员提案的重点领域。这无疑是双赢的利好。

平和县从无到有，由弱而强，与一代大儒王阳明有着密不可分的历史渊源。五百年前，王阳明受命巡抚南赣汀漳等处地方，领兵平靖漳寇之后，以“知行合一”的治世态度，“析划里图，添设新县”的政治智慧，两度上疏奏请朝廷，在闽粤交界的漳南地区添设了“平和县”。置县以来，阳明文化始终根植平和大地，特别是“知行合一”更是成为平和的置县精神，激励着和邑百姓“向善向德”，使得昔日“盗薮”化外之地，变成今天“冠裳”有序之区。可以毫不夸张地说，阳明学是对平和文化的形成和发展产生重大作用的核心元素之一。换言之，阳明文化已然演变成平和地域文化的一个重要思想源泉和组成部分，促进了和邑百姓共同精神价值取向的形成，成为平和人民精神家园的一个不可或缺的支柱和载体。

作为一名生于斯邑、长于斯邦的社科界政协委员，面对如此厚重的文化底蕴和仰止的精神高地，应如何发挥政协委员的优势，在阳明先生过化之地的平和，进一步吸收其“心即理”“知行合一”“致良知”等宝贵精神财富，使之成为新时代建设新平和的文化自信支撑点？善于抓住机遇，在有利时机建言献策，方可事半功倍。对于平和而言，2018 年，无疑是一个重要年份。

因为 2018 年是王阳明正式以“平和”为县名，向朝廷上疏奏请设县五百周年（前一份奏疏的县名为“清平”）。

关键之年谋要事。于是，我未雨绸缪，提早给县委、县政府建言献策，避免匆忙为之。在 2017 年的政协年会中，就以“关于筹备纪念置县 500 周年相关活动的建议”为题，撰写提案，主要内容摘要如下：

举办纪念“平和置县 500 周年系列活动”是一项系统的文化工程，需要及早谋划，提前准备。尽管之前，我县已开展相关的前期工作，但还有许多工作尚未开展，需要加快筹备。为此建议：

一要整理文史资料，编辑出版图书。开展置县 500 年以来的历史实物、手稿、图片、史料文献，历史人物、事件、重要线索，民风、民俗、民间故事等征集活动，并在此基础上编写出版相关书籍，让更多的人了解平和，宣传平和。

位于福建省平和县阳明公园内的王阳明塑像

二要完善市政设施，提升文化品位。目前，我县已建设占地160多亩的阳明公园，但尚未注入阳明文化，无法体现平和特色，无法彰显阳明文化。建议在现有的基础上，树立王阳明雕像，植入阳明心学理念，嵌入王阳明在入漳平乱时期的诗章、语录，将“知行合一”的置县精神、王阳明与平和的关系，以建筑园林的载体体现出来，提升县城的文化品位。

三要借助智库力量，举办高峰论坛。目前，国内规格高、影响力大的阳明文化活动是“中国阳明心学高峰论坛”。若我县及早谋划，提前介入，有望将2018年的第三届“中国阳明心学高峰论坛”分会场引到我县举行，届时国内外阳明学者专家将云集平和，提高平和的知名度与美誉度。

如此这般的提案文本，其实就是一份可操作、可细化的实施方案。自然得到县委、县政府的充分肯定和采纳。之后，相关单位闻风而动，组织编辑出版了《平和掌故》等一批地域特色明显的图书，影印了明崇祯年间刊刻于平和的《阳明先生集要》；邀请国内雕塑设计专家进行设计，几易其稿，在阳明公园建设王阳明塑像，并将奏请添设平和县治的两份奏疏镶嵌其间，形成一道亮丽的文化风景；举办中国阳明心学高峰论坛平和分论坛、首届海峡两岸（福建平和）阳明心学峰会，让和邑民众又见阳明，传颂肇建之德，汲取阳明心学精髓，高扬“知行合一”置县精神，走向未来，走向辉煌……

在阳明公园内矗立一尊王阳明的塑像，耗费了我不少心血。这几年，我几乎走遍阳明一生的行经地，瞻仰了国内数十尊的王阳明塑像，其艺术表现形式各异，或以佩剑的将帅，展现其立功之形象；或以握书的书生，展现其立言之状态；或以带徒讲学的群雕，展现其传播思想之努力……林林总总，怎么突破？又怎么体现王阳明与平和的关系呢？

我反复揣摩国内外百余张王阳明遗像，发现所收录的塑像或画像，阳明先生的双臂都未曾张开，多有局促之感。通过与雕塑师华侨大学王治君教授的时常沟通切磋，数易其稿，最终以“知行合一”为主题立像。

王阳明立姿雕像于公园东南角，一泓绿水缠绕而过，背靠层林尽染的连绵青山，凝目远眺繁华热闹的县城区，下颚微微上扬，右手握“心学”卷书，象征“知”； 左手微抬挥行，隐喻“行”。雕像底座正面镌刻“知行合一”，后面镌刻生平简介， 雕像左、右两侧的弧形纪念墙，分别镌刻《添设清平县治疏》《再议平和县治疏》，是最直接、最准确地阐明王阳明与平和的渊源，无需更多的介绍，便将王阳明奏请立县的全部思想再现给生活在这方土地上的和邑百姓，也让阳明先生曾经牵肠挂肚的平和民众再一次见到“当危疑之际，神明愈定，智虑无遗”的王阳明，感受阳明精神……

十月琯城飘柚香，阳明和邑颂文成。我居中协调多时、联络各方、费时一年有余的“首届海峡两岸（福建平和）阳明心学峰会”，借助蜜柚的丰收喜悦，在王阳明立功第一站的平和如期举办。来自美国、新加坡等国家以及北京、浙江、江西、贵州、台湾等地科研院校的数十位专家学者与会。峰会以学术研讨的形式深入浅出地探讨了“万物一体之

海峡两岸（福建平和）阳明心学峰会专家学者对话现场二

仁”“圣人创县与社会治理”“知行合一”等命题，为海峡两岸和平发展、乡村振兴战略以及社会治理、平和发展提供了智慧支撑和动力源泉。三十多位专家、学者的轮番上台进行精彩演讲，畅谈阳明文化，高论心学精要，给和邑带来了前所未有的文化盛宴。因为这是新中国成立以来，平和县举办的规模最大、档次最高的学术活动。第九、十届全国人大常委会副委员长许嘉璐先生评价道：“峰会的举办，有助于推动阳明心学在海峡两岸的普及、落地，成为两岸文化交流的一座不朽桥梁，庇佑两岸民众同享中华振兴的福祉。”

“吾心光明，亦复何言！”一份提案，推动了一尊王阳明塑像的矗立、一场高端学术会议的落地、一部阳明学文献巨作的再现……

这，无疑是作为政协委员的一份荣光！

此城殊不厌来重

明成化八年（1472），王阳明出生于绍兴府余姚县。从这个意义上说，阳明先生是绍兴人自是无异。然新中国成立后，余姚脱离绍兴而归宁波所辖，以致出现今日绍兴、宁波在争夺“阳明故里”这一称谓的现象。但无论如何，绍兴是王阳明一生中极为重要的关系地，是毋庸置疑的。阳明先生的伯衙府就在绍兴城内，并曾长期在那里居住生活、讲学授课，其最后

修缮后的伯衙府，其中石门框是原构件

的归葬地在绍兴城外的鲜虾山。正缘于此，近年来，绍兴每年举办阳明文化系列活动，以纪念这位先贤。我想，阳明文化是余姚的，也是绍兴的，亦是所有阳明行经地所共有的，乃至是中华民族的共同文化价值。

11 月 22—24 日，我应邀再一次来到绍兴，参加由浙江省人民政府、国际儒学联合会主办，中共浙江省委宣传部、绍兴市人民政府、中国哲学史学会承办的“世界阳明学大会——2022 阳明心学大会”。自 2015 年首次参加绍兴“阳明文化周”以来，我已是第四次到绍兴参加阳明文化活动了，可谓是“此城殊不厌来重”。然而，每一次绍兴之行，皆因心念阳明而远行；而每一次远行，又总受阳明心灯的照耀指引。这就是文化的力量。

会讲，是中国古老的学术研讨方式。王阳明亦是沿用会讲这一模式传授其思想学说。无论是明正德八年（1513）在滁州任职的“环龙潭而坐者数百人，歌声振山谷。诸生随地请正，踊跃歌舞”；还是正德十三年，南赣征战间隙的“出入贼垒，未暇宁居……讲聚不散”；或是嘉靖三年（1524），丁忧居越的“辟稽山书院，聚八邑彦士，身率讲习以督之”，“设席于碧霞池上，门人在侍者百余人”；抑是归姚省茔的“定会于龙泉寺之中天阁，每月以朔望初八廿三为期”……无一不是以会讲之方式，向诸生阐明心学要义。而最为典型的是，嘉靖六年出征广西前夜，“移席天泉桥上，德洪举与畿论辩请问（四句教）”，也就是“天泉证道”。正因为有此典故，绍兴从 2020 年的阳明心学大会开始，每届活动都特设一个“天泉会讲”平台，每次一个主题，邀请阳明学者会讲发言，交流学术论文。

今年的天泉会讲主题是“阳明学的当代价值”，分两场举办，主办方安排我在第一场发言。我以《王阳明部将李增考》为题，向与会专家、学者交流介绍一位王阳明巡抚南赣平乱期间的属下部将、漳州龙海人李增。通过对李增出生地、仕宦地的多部志书、谱牒及《王阳明全集》进行爬梳，梳理其生平，总结出他有剿贼平乱安民、甄别平反冤民、诞敷礼教乐民三

参加 2022 阳明心学大会

大功绩，并剖析其与王阳明既为上下级又为师生的双重关系，引起大家对福建阳明文化的关注。李增与王阳明的关系，是我在年初整理辑录漳州有关史料时所发现的，进一步考究发现，在《王阳明全集》中有九处提及李增。于是，我通过龙海诸同道的帮助，找到李增祖上的谱牒，并与其出生地漳州府、海澄县，仕宦地韶关府、会昌县等地的方志进行比对，爬梳探究，撰写文章，挖掘阐释，宣传其业绩、弘扬其品德。

透过李增这一个案，我们完全有理由认为，福建地区有着诸多与王阳明及其阳明学说有关联的人、物、事，只是我们挖掘得不够而已。这也从一个侧面反映闽中王学研究还有很大的空间维度，需要吾辈自当努力，不懈而为。

天泉会讲第一场的参会对象主要是国内阳明行迹地及阳明学机构代表。记得五年前的绍兴“阳明文化周”期间，曾经穿插举办由钱明研究员召集的“全国首届阳明研究机构联席会议”，参会对象也是全国阳明行迹地及阳明学机构代表。五年过去了，在这次会上，同样是由钱明老师召集，我见到江西的皇甫金石、安徽滁州张祥林、贵州修文的李小龙和唐耀的几位同道依然坚守其中，倍感亲切，也认识了来自广西来宾、湖南沅陵、山东胶东等各地的新朋友。这就是阳明文化的魅力，让天南地北的新朋故友相聚在阳明故乡绍兴，共话阳明学的当代价值。

当年，王阳明一家自余姚徙居越城绍兴后，曾经有过三处室第，最后一处是光相桥东侧西河以南，现上大路王衙弄的“伯府第”。伯府第是明正德十六年（1521）十二月，王阳明诏封新建伯后，在其父亲状元府基础上钦赐扩建而成的。历经五百年岁月侵蚀，日晒雨淋，仅存大埠头、后花园、碧霞池、石牌坊等四个遗存。曾经有着“吕府十三厅不及伯府一厅”美誉的府第，早已荡然无存，不再壮丽巍峨，甚至有些凋败，令人感叹不已。

近年来，出于对“文化自信”的提倡，以及将中华传统文化视为“独特战略资源”，王阳明及其心学深受社会各界的普遍重视，已然发展成为当下中华传统文化研究中的一大“显学”。正是在这样一个背景下，在对碧霞池考古调查的基础上，绍兴市投资数十亿元打造绍兴阳明故里，历经多年开发保护，于 2022 年 10 月 31 日王阳明 550 周年诞辰当日竣工，并对外开放。这也是我这次绍兴之行重点考察的地方。重建的王阳明伯府第，是在保护原有地基的基础上，抬高而新建，依次是明德堂、至善堂和传习堂，气势雄伟。其最大特点是，保留当年伯衙府原有的地基、廊道等原物原貌，人们走在其间，可以透过铺设在钢结构上的玻璃，俯看昔日地基、廊道的石板，斑驳而有序，让人震撼。在伯府、碧霞池之东，新建的下沉式两层王阳明纪念馆，以高科技光影技术展陈心学成就，令人赞叹不已。新建伯府第的高大华丽与证道广场的宽阔空旷，反衬出修缮后的碧霞池显得小巧玲珑，犹如一潭泓水。而阳明后学心中所景仰的天泉桥，却只以一块刻有“天泉证道”的石头矗立在伯府门前，显得那么孤单落寞。难怪绍兴文理学院张炎兴教授撰文：“伯府没了天泉桥，就像兰亭没了流觞曲水。”仁者见仁，智者见智。但不管怎样，今天的绍兴，大投资、大手笔打造阳明文化新高地、旅游新地标，值得肯定。这也是阳明文化通过资本的介入运作，形成经济化、产业化。如此，或许可以助力推进阳明学的发展。

王阳明的应试之方

高考，是检验莘莘学子读书多年苦读成效的直接测量仪，也是国家选拔人才的重要渠道之一，更是个人实现社会价值的便捷之径，尤其是对于农家子弟而言，或许是其得以跨越社会阶层的唯一途径。

我国自古就有通过考试选拔人才的相关科举制度。隋炀帝大业二年（606），以“始建进士科”为标志的科举制正式创立，之后唐承隋制，逐渐形成一套较为完整的制度，为后代科举奠定了基础。此后，科举制历经宋、元、明、清，历代相袭，直至清光绪三十一年（1905）废止。可以说，在中国历史上推行了1300年之久的科举制度，为中华民族选育了众多人才，功不可没。尽管今天的高考制度与古代的科举制度不可同日而语，但在应对之方上，多少还是可以借鉴。

早在五百多年前的明正德二年（1507），一代大儒王阳明在经历仕途重大挫折、被贬谪为贵州龙场驿丞之后，得知徐爱（1487—1518，明代哲学家，字曰仁，号横山，浙江省余姚马堰人，王阳明最早入室弟子之一，也是其妹夫）要赶赴京师备考，参加次年春季由礼部主持的会试，特地修书一封：

君子穷达，一听于天，但既业举子，便须入场，亦人事宜尔。若期在必得，以自窘辱，则大惑矣。入场之日，切勿以得失横在胸中，令人气馁志分，非徒无益，而又害之。场中作文，先须大开心目，见得题意，大概了了，即放胆下笔。纵昧出处，词气亦条畅。今人入场，有志气局促不舒展者，是得失之念为之病也。

夫心无二用。一念在得，一念在失，一念在文字，是三用矣。所事宁有成耶？只此便是执事不敬，便是人事有未尽处，虽或幸成，君子有所不贵也。将进场十日前，便须练习调养。盖寻常不曾起早得惯，忽然当之，其日必精神恍惚，作文岂有佳思？须每日鸡初鸣即起，盥栉整衣端坐，抖数精神，勿使昏惰。日日习之，临期不自觉辛苦矣。今之调养者，多是厚食浓味，剧酣谑浪，或竟日偃卧。如此，是挠气昏神，长傲而召疾也，岂摄养精神之谓哉！务须绝饮食，薄滋味，则气自清；寡思虑，屏嗜欲，则精自明；定心气，少眠睡，则神自澄。

君子未有不如此，而能致力于学问者，兹特以科场一事而言之耳。每日或倦甚思休，少偃即起，勿使昏睡；既晚即睡，勿使久坐。进场前两日，即不得翻阅书史，杂乱心目，每日止可看文字一篇以自娱。若心劳气耗，莫如勿看。务在怡神适趣。忽充然滚滚，若有所得，勿便气轻意满，益加含蓄酝酿，若江河之浸，泓衍泛滥，骤然决之，一泻千里矣。每日闲坐时，众方嚣然，我独渊默，中心融融，自有真乐。盖出乎尘垢之外，而与造物者游。非吾子概尝闻之，宜未足以与此也。

信中，王阳明对徐爱指出：既然踏上科举之路，就应该以心怀坦然、从容应对的心态走进考场，这是人生应尽的责任，千万不可拘泥于得失成败之间。如果唯成功以待，而使自己受窘受辱，那是徒增烦恼，被功名迷了心窍，自己给自己找麻烦。若是心中挂碍着得失一念，患得患失，一进考场，就会双眉紧锁愁苦，心里局促不安，这是应试的大忌。今日的考生，虽没有“一考定终身”的压力，但考前如若过多盘算得失，一会儿算计着考好了怎么风光，一会儿盘算考砸了就无脸见人，那怎么能考好呢？

王阳明在信中还悉心叮嘱徐爱，要注意考前生活作息、学习方式的调节。考前十天，要调理作息和注意饮食。鸡鸣就得起床、洗脸、梳头、着衣，之后端正静坐片刻，驱除昏昧松懈的睡意，养足饱满的精神状态。如此这般练习，到了赶考那天，起个大早，也就不觉得辛苦了。同时，饮食要调养、节制，以清淡为主，抛弃嗜欲，切忌大鱼大肉的滋补和毫无节制的狂欢，做到气定神闲，心神澄明。考前两天，就不要再翻看浏览书本，这个时候看书，只会让心思变得杂乱。建议每天只看一篇文章，目的是让自己的心情舒畅。对于今日的考生而言，保证有足够的睡眠时间，注意以清淡爽口的饮食为主，不暴食暴饮，不吃油腻的食物，始终以饱满、昂扬的精气神投入考试，依然是十分重要的。

苍天不负有心人。徐爱终于次年（1508）“举进士，任职就列”，先后担任祁州知州、南京兵部员外郎、南京工部郎中等职务。

其实，王阳明在科举考试中，也非一帆风顺。只是他善于调节心态，始终以积极乐观的态度看待科举考试而已。弘治六年（1493），22 岁的王阳明第一次参加会试，结果下第不中。到了弘治九年，王阳明二度参加会试，依然名落孙山。此时，一名与王阳明同舍的考生，认为会试不第是一件令人羞耻的事，阳明先生却安慰他：“世以不得第为耻，吾以不得第动心为耻。”直到弘治十二年，28 岁的阳明先生再一次步入春闱考场，终于以“南宫第二人，赐二甲进士出身第七人”的佳绩，“举进士出身”。其间“以不得第动心为耻”的豁达、坦荡心态，至今仍然成为后世诸生学习的楷模和学界经久传颂的美谈。

尽管时过境迁，科举制度早已废除一百多年。然而“考试”二字，依旧与我们现代生活息息相关。阳明先生信中所提及的应试“入场之日，切勿以得失横在胸中；将进场十日前，便须练习调养；进场前两日，即不得翻阅书史，杂乱心目”的考前准备、心境调养之方法，仍具有参考借鉴的意义。

更疑山水有精神

岁在癸卯年，处暑时节，闽南漳州大地依然高温酷暑，炙热难耐，而赣东北的怀玉山上却是清幽凉爽，惬意得很。此地，真是读书修身养性之胜境。此时，我应邀参加在怀玉书院举办的“天理良心：朱子学与阳明学的对话”国际学术研讨会，感受这方深得朱子学、阳明学浸润滋养的人文精神，可谓是一趟文化“朝圣之旅”。此景此情，正应了北宋政治家王安石当年在书院所作《题玉光亭》诗中“每向小庭风月夜，更疑山水有精神”之境界。

活动期间，让我倍感亲切的是，此次研讨会的操盘手徐公喜教授，大至会议策划、嘉宾邀请，小至议程PPT字体、座位食宿安排，他都事无巨细，躬亲而为。其中的琐碎与无奈、劳烦与惆怅，只有曾经操持，亲历其中，才能切身体会。看到徐教授那匆匆的身影、微笑的招呼……我似乎又回到旬日之前的自己。人只有在事上磨的

研讨会期间，与浙江大学教授董平合影

过程中，才能真正收获曾经付出的喜悦，体认自身立世的社会价值。如果过于精明算计，既想得到这个，又担心失去那个，反而错过几多时光，与其苦苦谋求“鱼与熊掌兼得”之妙方，不如“致吾心之良知于事事物物”，率性而为，来得洒脱、快哉。普天之下的任何一件事，都有或大或小的风险，总得有人去负责、去承担，倘若人们都在盘算如何从中得到最大利益，如何推卸自应承担的责任，让干事的人流汗又流血，试问血汗流尽之后，又有什么可支撑的呢？

位于“盘亘饶、信、衢三郡……当吴、楚、闽、越之交”怀玉山巅的怀玉书院，其前身是定文寺、读书堂、杨亿精舍、方斋、梅岩精舍、芳润堂、草堂书院、斗山书院。这方书院，既是中国古代文化史上孕育思想、创新学术的基地，也是一所延续办学千年的古老学府。明江西提学副使王宗沐记曰“宋朱子讲学其中”，清江西学政赵佑言：“自紫阳朱子与陆文安、吕文成、汪文定诸公讲道其中”。从中，我们仿佛看到朱熹在兹山留下的足迹与身影，更看到朱子过化的文明与昌盛。

南宋绍兴二十年（1150），时年21岁的朱熹首次沿驿道、经怀玉，“省墓于婺源，以其租入充省扫祭祀之用”。第一次回祖籍婺源祭扫祖墓的朱熹，拜望宗族长老，赎回其父当年典当出去的田产，以供日后祭扫费用。衣锦还乡、赎回家产的青年朱熹，行走在这满目苍翠的怀玉山，是何等意气风发、踌躇满志！之后，朱熹又多次到访怀玉山，并于此讲学论道，阐发理学要义，教化一方。宋淳熙元年（1174），朱熹致信邀请浙东名儒吕祖谦，称“怀玉山水甚胜，若会于彼，道里均矣，如何？”次年，“鹅湖之会”后的朱熹，又邀吕祖谦共游怀玉山，切磋学问，昌明圣学。绍熙五年（1194），宋宁宗登基，以为“欲进修德业，追踪古先哲王，则须寻天下第一人”，经彭龟年等人举荐，诏令65岁的朱熹回京侍讲。“八月癸巳（初五），以朱熹为焕章阁待制兼侍讲。”“冬十月己丑（初二），入国门……辛卯（初四），奏事行宫便殿。”风尘仆仆赶到京城的朱熹，草草安顿，来不及歇息，便入侍经筵，向宁宗皇帝开讲“四书”等经典，历时四十多天。遗憾的是，皇帝却以“朕悯卿耆艾，方此隆冬，恐难立讲”为名，于“闰十月丙子（十九日），御批除宫观”，将朱熹逐出京师。“十一月戊戌（十一日），至玉山，讲学于县庠。”返闽将归考亭的朱熹，途经玉山时，“邑宰司马迈请为玉山诸生讲说……因学者所请问而发明道要，闻者兴起。迈刻讲义一篇以传世，此乃先生晚年亲切之训，读者其深味之。”这就是著名的《玉山讲义》。

作为朱子“晚年定论”的《玉山讲义》，涵盖了性善、四端、气禀、天理人欲、尊德性、道问学等理学思想，是其经历了包括漳州知府在内的多岗仕宦磨炼、尝尽世间百味之后，对“四书”要义的阐发和自己理学体系的概括，或许更为透彻、深刻，影响更为久远。

怀玉山有缘见证了朱熹青年得意的飒爽、中年游学的忙碌、老年传道的坚持，这是兹山之幸。我想，这也是朱熹之幸。山高水长，朱熹及其学说融入山水之间，契合无间。

乱世梵宇，为僧俗避战火；盛世儒林，为世人传经道。这或许是众多寺庙、书院交替衍变，历久不衰，得以存世传承的缘由吧。已是荒芜、颓圮的草堂书院，得以重建恢复，发扬光大，并更名为“怀玉书院”，应归功于阳明再传弟子、浙江临海人王宗沐。明嘉靖三十六年（1557），时任江西提学副使的王宗沐来到玉山视学，得知怀玉山金光峰下为怀玉寺，稍南为草堂书院，宋朱子讲学其中，明成化年间增置学田，以供养诸生。正德辛未（1511），提学副使李梦阳对书院进行修葺一新。不幸的是，过了没几年光景，至己卯（1519），又毁于战火兵革，僧人乘机“去其碑籍，并田入寺”。书院毁、寺庙兴。在玉山诸生的请求下，王宗沐再次来到怀玉山视学，先后三次部署恢复怀玉山书院，“以寺为书院，改题曰‘怀玉’，改佛殿为先师庙，僧房为号舍”。其建筑规模，略如四大书院之制，多有效仿白鹿洞书院的规制，部署修复扩建，并题《怀玉山书院记》。修葺一新的怀玉书院，中为崇圣殿，殿前为书院门，左为崇贤祠，右为报德祠；殿后为明德堂、易简堂，殿左右分别为居仁斋和由义斋，甚是恢宏。同时还“规定规条，申励约束”，使得书院鼎革一新，管理有序。阳明门人邹守益将其与白鹿、石鼓、岳麓诸书院比照，赞曰：“予谒书院多矣，白鹿幽而境未爽，石鼓奇而基未弘，岳麓壮而局未端，兼之者，其怀玉乎！”

自此，怀玉书院之名始传于世。王宗沐肇建书院之功德，亦与书院之名一样，流芳百世。当我在书院展馆中看到王宗沐所题“怀玉”残碑时，自然而然想到王宗沐之孙王立准在我和邑所刊刻的《阳明先生集要》，并当场表示将其影印本赠予书院珍藏。王立准于明崇祯六年（1633）到任平和知县，执宰和邑三年有余。道光《平和县志》记其功绩有二：“至特建王文成公祠，刻其全部文集，极有功名教。”王立准到任知县数月，便以“湫隘卑庳”为由，将位于儒学西南角的阳明祠，移建于县城东郊一侧，改名为“王文成公祠”，恢复祠祀规礼，并请“一代完人”黄道周撰书《平

怀玉书院

和县鼎建王文成先生祠碑》。此碑已成文物，藏于平和县博物馆。明崇祯七年（1634），受漳州知府施邦曜之托，王立准组织16名刻工，历经近一年的刊刻，终于次年夏末竣工，完成一部极为重要的阳明学文献《阳明先生集要》三编十五卷。此书后经再刻于浙、三刻于黔、四印于沪，乃至译成英文，向欧美地区流布。王宗沐、王立准爷孙二人，兴书院、育人才，建公祠、刻文献，其功甚焉。二者业绩虽异，但均志在延绵儒香文脉，化民成俗，功在千秋，自当为后世诸生所景仰、所效仿。吾侪应以此为楷模，努力践行，笃志弘道，无须锱铢必较，患得患失。

“为政者，以新学校、育人材为先。然学校之新也，必先聚集人士为先，告以圣贤为学之意。”新构书院，只是育才之外形而已，更为重要的应是“聚贤讲学，传经布道”的内核运作。明嘉靖三十八年（1559），江西巡抚礼聘阳明弟子钱德洪、甘泉弟子吕怀为怀玉书院掌教，主讲传播阳明心学，风尚一时，使得诸生游学其间，可以远凡近，养性愫，有山林之娱而非佛老，有朋友之益而非市尘。

众所周知，讲学、会讲成为明代中后期学术交流、传播的新风尚，而阳明学也以“显学”之姿，借由讲学、会讲之途，风靡大江南北。浙江是阳明学的首善之地，而江西是阳明先生过化之区。浙江、江西两地的阳明弟子时常聚集讲学，且规模颇大。怀玉书院因其地处浙、赣交界的独特位置之便利，更是成为当时两地学者集合为会的理想场所。嘉靖三十八年（1559）四月，书院落成之际，钱德洪、吕怀在书院主持首次心学大会，来自浙、赣、闽、徽的阳明后学，以及江西巡抚、巡按、布政使等政界名宦，悉数到场，齐聚怀玉讲学论道，倡明心学。次年春，已是古稀之年的邹守益赴怀玉书院，亲自主盟，再次举办江浙心学大会，并阐发《孟子》，刘邦采、陈明水、夏浚等一大批阳明后学与会，以振微言。其在《怀玉书院志序》中记曰：“庚申之春，绪山子复约于怀玉，同志自远而集，凡百余人。”怀玉书院连续两年举办江浙大会，史称“怀玉讲会”，又称“斗山之会”，使得怀玉书院闻名遐迩，一时成为浙赣阳明学讲会传播重地。

“怀玉讲会”是以阳明、甘泉弟子为主体的学术会议，光大了阳明学派，带动书院周边的讲学之风。可惜的是，由于怀玉书院深处偏僻群山之中，地势极为险峻，攀登不易，以致怀玉大会未能延续举办。可喜的是，关于第一次的讲会，当时掌院事门人蒋山特意在十八龙潭上方的岩石上留下一方摩崖石刻，名为“蟠龙冈石刻”：

> 嘉靖己未（1559）四月望，怀玉书院工告成。巡抚都御史钟阳马公森、吉阳何公迁，巡按御史五台徐公绅、东泉郑公本立，布政使浮峰张公元冲，提学副使敬所王公宗沐，终始经画，置田赡士，礼聘主教巾石吕先生怀、绪山钱先生德洪，讲明正学。学徒趋教者，尽江、浙、闽、婺之士。勒石识始，示永图也。掌院事门人蒋山题，天真精舍主钱君德洪书。

一方耸入云端的蟠龙冈石刻，见证了“斗山之会”那一场学风开放的激情问辩，向往来诸生诉说曾经的盛况与昌明。其实，今天的公喜兄在怀玉书院举办的学术研讨会，就是昔日钱德洪、吕怀、邹守益等人所主持讲会的延续拓展、创新发展。这是一种儒学文脉的传承，一种传统文化的彰显，更是一种人文精神生生不息的弘扬与赓续……一方静卧岩体的蟠龙冈石刻，记录了那一时刻诸生云聚的思想碰撞，诉说了先儒办会的艰辛与不易。以今天之交通、食宿、通讯等条件如此便捷的情况下，在怀玉书院举办这般百来号人参加的学术研讨会，都有点力不从心，更何况是在 460 多年前，同样在此地举办一场“学徒趋教者，尽江、浙、闽、婺之士”的百余人讲会，所付出的心血与精力，那是难以想象的，更是值得我辈学习的。

我利用参加研讨会的歇会时机，在书院负责人周益宏兄的陪同下，两次冒雨拜谒这方石刻。其间，在与浙江钱明老师的交谈中，多有感慨。如果没有这 130 字的简短石刻文字，当年讲会的诸多信息也许就淹没在历史的长河中。联想到当下，各地争相举办的各类阳明文化论坛、学术研讨会，多如牛毛，如果会终人散，没有很好地整理归档，能有几个活动可与近五百年前的“怀玉讲会”相媲美，流传至今？这，就是这方石刻的历史价值和文化价值。

漫步在怀玉书院内的陈列展厅，匆匆一瞥展陈内容，我的最大感受，就是不少闽人先贤与怀玉书院都有着千丝万缕的关联。由此可想，闽赣山水相连，人员往来密切，文化交融会通，始终如一，亘古不变。

杨亿（974—1020），浦城县人，北宋文学家，素有“怀玉开山第一儒者”，《宋太宗皇帝实录》载其“年十一，太宗闻其名，诏送阙下试诗赋，授秘书省正字”。相传，其祖父杨文逸任南唐玉山县令时，梦到一自称怀玉山人的道士前来拜见。不久，杨亿出生，杨文逸为应梦验，为刚出世的孙子杨亿在怀玉山金刚峰下法海寺侧，创建读书精舍，即“杨亿精舍”，也就是怀玉书院的前身。到了清初，以诗文名于时的长汀人黎士宏（1618—1697），在担任广信推官兼理玉山县政时，曾将当地百姓于端明书院旧址为其所建之生祠改名为“怀玉书院”。清康熙朝大臣、理学名臣安溪人李光地（1642—1718），在《重修怀玉书院记》中，称赞书院“其地为圣贤所生长、所游经，则遗教流风往往而在”。即使到了今天，闽地学子依然秉承闽人参加“怀玉讲会”之传统，多达 17 名来自福建各地的学子，还有数名祖籍漳州的台湾学者参加这次怀玉书院学术研讨会。可以说，这是近十年来，我参加全国各地举办的数十场阳明文化论坛、研讨会中，涵盖最多福建学子的一次。

每到一个地方游学，都得挤出时间，身临实地，尽可能全面探微考究当地的阳明文化遗存。这是我十多年养成的游学习惯。怀玉书院、玉山县、上饶市等地，与王阳明及其学说究竟有什么关联？自然也是我这次文化“朝圣之旅”的题中之意。

怀玉书院是阳明学文献的重要刊刻地。嘉靖二十七年（1548）“青原会”时，一批阳明门人就在商讨如何编撰先生年谱事宜，拟由众弟子分头编写，邹守益负责最后统稿。迨至嘉靖三十五年第二次“青原会”时，钱德洪开始全面接受年谱编撰事务，直到受聘怀玉书院掌教，利用书院“深山僻坳静深”的条件，潜心著作《年谱》，才完成了初稿。钱德洪在《阳明先生年谱序》记曰：“越明年正月，成于怀玉书院。”其间，还在书院重刻阳明先生的《朱子晚年定论》。作为记载阳明先生生平事迹重要史料的《王阳明年谱》，刊刻成书于此，让怀玉书院的油火烛光见证先生那波澜壮阔、跌宕起伏的伟大一生。

玉山是王阳明的行经地，更是伤感地。无论是正德二年（1507）赴谪贵州龙场，还是正德十二年赴虔台就任南赣巡抚，或是嘉靖六年（1527）赴广西平乱，乃至嘉靖八年逝后棺柩回浙，玉山都是阳明先生的必经之地。特别是正德十四年九月，48 岁的王阳明在擒获宁王朱宸濠之后，欲以献俘劝退武宗御驾亲征，不料张忠、许泰等宦官遣人追至广信。王阳明乘夜过玉山、草萍驿，而赶赴杭州，将所俘宁王交给张永，一句：“江西之民，久遭濠毒，今经大乱，继以旱灾，又供京边军饷，困苦既极，必逃聚山谷为乱。昔助濠尚为胁从，今为穷迫所激，奸党群起，天下遂成土崩之势。至是兴兵定乱，不亦难乎？”道出了阳明先生以天下苍生计的亲民情怀，也说出了对宦官当道、擅权乱政的无奈心酸。

上饶是王阳明始慕圣学的蒙发地。弘治二年（1489）十二月，18 岁的王阳明于完婚后的次年，带着夫人诸氏，从江西南昌出发，乘舟沿信江逆水而上，往返浙江余姚老家。船至广信府码头，王阳明登岸安顿歇息，在南岸离江不足百米的娄家巷，谒访了名儒娄谅（字一斋，1422—1491），请问入圣之途，请教格物之学。娄谅一句“圣人必可学而至”，犹如点亮了一盏明灯，照亮前行之路。正如黄宗羲所说：“姚江之学，（娄谅）为发端也。”

修缮中的娄谅故居

24日大清早，趁着返程待车的时间，我徒步来到水南街劳动路娄家巷。映入眼帘的是一片嘈杂的施工现场，唯有横七竖八的脚手架保护着一座镶嵌“理学旧第”的砖体门楼，向人们昭示这里曾经是学者心目中的神圣殿堂，是文化传承中的重要节点。在那被掀起屋顶的木构厅堂中，我似乎看到了一斋、一峰师兄弟俩促膝而坐，正在探究理学、畅言对语的场面，倍感亲切。只因罗一峰仲子罗干是平和首任知县，从这个意义上看，平和继承了娄谅的儒学思想。单凭这一点，我更应该到此拜谒、致敬。

又见面了

“又见面了！”

这是我参加绍兴“2023 阳明心学大会”时，各位师友见面时，彼此之间所说最多的一句问候语。

10 月 31 日，是阳明先生诞生之日。作为先生出生之府、成长之地、归宿之所和阳明心学萌发地、成熟地、传播地的绍兴，近些年来，一直以此为契机，连续举办阳明心学大会，诚邀国内外专家、学者聚集于此，以学术交流的形式共同缅怀先生的“三不朽”。经过多年的努力，绍兴逐渐成为浙江乃至全国阳明学研讨交流的重镇之一。这一天，我再次应邀来到绍兴，参加由绍兴市人民政府、国际儒学联合会、中国哲学史学会主办的“2023 阳明心学大会”。近十年来，绍兴在举办阳明文化活动的过程中，从原来的阳明文化周、中国阳明心学高峰论坛起步，一步一个脚印，不断创新形式与内容，逐渐提升文化价值，打造形成“阳明心学大会”这一独具绍兴地域特色的文化品牌。

自 2015 年以来，我已连续五次参加绍兴举办的各类阳明文化活动，经历、见证了其传承发展阳明文化的全过程，深感其中的付出与不易，特别是同一主题的论坛，既要考虑其延续性，又要有所创新，变换主题，不落旧套，真是一件劳心费神的事。我在漳州先后操办了五场阳明文化活动，自能切身感受到其间的艰辛与磨炼，那种无奈与煎熬，是难以言表的，唯有独自承受、消化。的的确确，发展文化事业从来就不比经济建设来得轻松，阳明学亦是如此。正所谓“人欲肆而天理亡”，人，唯有从心出发，反求诸己，才能懂得人生价值之所在。这不正是阳明先生始终强调的“致吾心之良知于事事物物也。吾心之良知，即所谓天理也。致吾心良知之天理于事事物物，则事事物物皆得其理矣”。行笔于此，我突然想起清代名臣蔡新在宦海沉浮之后有感而发，评价阳明学：“阳明当词章汩没之时，士皆博杂以为高，剽袭以为富，一切苟且以就功名，不知身心性命为何物，于是直指本体，发为良知之论，使之因端竟委，亦救时之药石也。”即使在当下，以“救时之药石”来点评阳明学，也是一语中的。

阳明先生一生跌宕起伏，足迹遍布北京、贵州、江西、福建、江苏、广西等地，构成一张遍布半个中国的阳明行迹地图。岁序更替，在五百年的文化发展中，阳明文化与这些行经地的地域文化交融互鉴、会通共存，形成了各具特色的阳明地域文化，也丰富发展了阳明文化。正是基于如此这般认知，绍兴市从 2017 年召集全国阳明行经地代表成立“全国首届阳明研究机构联席会议”开始，经常性开展学术交流，增进了阳明行经地之间的来往，互通信息；到这次借助“2023 阳明心学大会”平台，浙、黔、赣、闽、桂等五省阳明行迹地代表签订了“阳明行迹地协作平台合作协议”，体现了地域性、兼容性、开放性、平等性的特点。合作协议的签订，使得各个阳明行迹地的专家、学者可以通过平台查看彼此信息，相互了解各地的阳明文化传承、弘扬、发展状况，加强学术交流。可以说，既是产学研游相结合的一次有益探索，又是创新性解码阳明文化基因、发展阳明心学的一个具体实践。

全国首届阳明研究机构联席会议召集人、浙江省社科院研究员钱明是阳明行迹地协作的首倡者，多次在绍兴举办的论坛、研讨会期间主持阳明行迹地分论坛。他认为：“五地是阳明学的辐射核心，各地阳明研究者可从阳明行迹地协作平台上，清晰地了解、研究、传播阳明学、阳明后学。”

在当天下午举行的阳明心学大会分会场上，来自各地阳明行迹地及阳明学机构的代表分别作学术研究成果专题研讨发言。会上，作为福建省唯一提交论文的我，阐释了《王阳明及其后学亲裔与武夷山关系考》的文章观点，从王阳明与武夷山、王阳明门生与武夷山、阳明后学与武夷山、阳明亲裔与武夷山等四个层面，介绍了王阳明游历武夷的过程，并透过王畿、邹守益等门生，李材、徐即登、郭子章等后学，王守礼、闻人诠等亲裔在武夷山的活动轨迹，考究他们留下的文化遗产遗存，阐述王阳明及其后学、亲裔与武夷山之间千丝万缕的联系，印证了阳明学作为武夷山文化遗产中不可或缺的组成部分。在我的发言中，关于绍兴籍阳明门生王畿到武夷山的经历，引起了东道主以及当地主流媒体的特别关注。当地媒体报道称：

绍兴作为阳明心学的起源地、传播地，自古出了不少为人所称道的阳明门生，这也是受关注的研究方向。闽南师范大学客座教授张山梁在交流会上，讲了他的研究《王阳明及其后学亲裔与武夷山关系考》。张山梁介绍，（王畿）曾协助阳明先生指导后学，时有“教授师”之称，是阳明先生最为赏识的弟子之一。王畿以实际行动彰显了“知行合一”“致良知”的思想精髓。王畿不厌其烦的求学精神，持之以恒的传道韧劲，为后世学子学习传承阳明文化立下了标杆。“林下四十余年，无日不讲学，自两都及吴、楚、闽、越、江、浙，皆有讲舍，莫不以先生为宗盟。”以武夷山游学为例，张山梁通过研究王畿多篇诗文得知，其在武夷山期间，至少游历了朱文公祠、紫阳书院、天游峰、天游观、武夷宫五地，通过重游阳明先生之路，缅怀先师王阳明。王畿在天游观的墙壁上看到先师当年所作《武夷次壁间韵》，起兴以次韵先生之韵而作诗，自叹“天游指点还吾辈，碧水丹山好共分”。嘉靖三十六年秋，他带着5位学生重游武夷山，在静谧山林间传授阳明心学。

值得一提的是，分会场的发言顺序继承了阳明先生讲学论道时留下的传统，以年龄为序，长者为先。最年长的嘉宾是来自日本信州大学的早坂俊广教授，自然由他开头发言。他愉快回忆了第一次来绍兴时的情景："到光相坊参观新建伯府第，只看到仅存的石框门头等遗迹，还去了会稽山的阳明洞天。"早在 1996 年，早坂俊广先生就陪同日本著名阳明学者冈田武彦到我国寻访王阳明遗迹。已是两鬓斑白的早坂俊广是那次跟随冈田武彦先生寻访遗迹的日本学者中为数不多的健在者，依然不远千里，故地重游，参加"2023 阳明心学大会"，充分彰显了作为中华优秀传统文化之一的阳明心学的文化自信力和感召力。或许早坂俊广先生也跟我一样，是从心底景仰阳明先生，自觉集结在阳明心学的旗帜之下。

是的，不只是我，也不只是早坂俊广先生，还有许许多多的阳明学人，无一不是服膺阳明学而赴绍兴参会的。这就是触发"又见面了"的动力之所在，也是阳明文化的魅力之所在，更是中华优秀传统文化的魅力之所在。

莆中故多贤

甲辰初夏，久雨之后的放晴，万里无云，光风霁月，空气中弥漫着清新的气息，让人倍感愉悦与兴奋。我有幸忝列福建省闽南文化研究会一行，来到素有“海滨邹鲁”“文献名邦”之称的莆田进行文化调研。

多年来我养成一个习惯，每初到一个城市，总是想方设法去参观这个城市的博物馆。因为作为展示城市历史、文化、艺术重要场所的博物馆，始终有着普及教育、保护文物、收藏珍稀的功能。可以说是当地最重要的

俯瞰莆田博物馆外景

无形财富，已然成为衡量一个城市、一个地方文化发展程度甚至是文明程度的重要标志。正因如此，参观莆田博物馆自是此行的题中之意。外观神似妈祖手中“如意”的莆田博物馆坐落在绶溪之畔，与“状元村”隔溪相望，是莆田市最具凝聚力和核心力的标志性建筑，由四层主展馆、副展馆组成。因为时间关系，我们只是匆匆浏览了“历史文化展览馆”。或许是受到个人兴趣牵引的缘故，给我印象最深的是，林俊、马明衡、林达、陈杰、林富等一大批与王阳明相交甚笃的莆田籍士人，赫然列于莆田历史名人录之上。

从这个意义上说，莆田是阳明先生的神交之地。

是的，钱德洪在《王阳明年谱》中，多次提及马明衡、林达、陈杰等多位问学于阳明先生门下的莆田人。嘉靖六年（1527），王阳明在给莆人弟子马明衡的信中，言曰：“莆中故多贤，国英及志道二三同志之外，相与切磋砥砺者，亦复几人？”一句“莆中故多贤”，道出了王阳明对莆田士子的高度评价。

林俊是王阳明抵京后认识的第一位福建人。明成化十八年（1482），十一岁的王阳明随爷爷王伦来到京城，住进任职于翰林院的父亲王华的寓所百官宅。在这里，少年王阳明与时任刑部陕西司主事的莆田人林俊比邻而居，彼此多有往来，交情日益加深，遂为忘年之交。

林俊（1452—1527），字待用，号见素，莆田县城内联桂坊（今莆田市荔城区凤山社区）人，明成化十四年（1478）进士。历任刑部主事、四川司员外郎、湖广按察使、南京都察院右佥都御史、工部尚书、刑部尚书，卒后谥“贞肃”，入祀莆田乡贤祠，著有《西征集》《见素文集》《见素续集》等。其子林达、侄子林子文均师从王阳明。

命运多舛的王阳明，与莆田人林俊之间，时常有函信往来，多有沟通交流，彼此之间相互帮助。正德元年（1506），王阳明因上疏宥言官而触怒阉党刘瑾，被贬谪至贵州龙场驿。赴谪途中行至浙赣交界的玉山草萍驿时，收到丁忧在家的老友林俊寄来的一封信和一首诗。久别故友的信与诗，犹如一道灿烂的阳光穿透阴霾的天空，给人温暖与希望，让人倍加喜悦，颇有“家书抵万金”之感。谪贬落魄在途的王阳明，深为挚友的情谊所感动，当即在草萍驿站，依其韵而作诗《草萍驿次林见素韵奉寄》：“山行风雪瘦能当，会喜江花照野航。本与宦途成懒散，颇因诗景受闲忙。乡心草色春同远，客鬓松梢晚更苍。料得烟霞终有分，未须连夜梦溪堂。”那种“山行风雪瘦能当，会喜江花照野航”的乐观、“料得烟霞终有分，未须连夜梦溪堂”的豁达，跃然纸上。

正德六年（1511），致仕归家的林俊，收到好友王阳明来信后，回信赞赏其具有“中立时行，运醇镇躁，以大收儒效”之品格，更感激阳明先生将“不立坚苦志，玩日愒月”的儿子林达、“欠坚苦负美材”的侄儿子文，收为弟子并“下严督之教”，表示欣慰与感激。

正德十四年（1519）六月，致仕在莆的林俊得知宁王宸濠反叛，挚友王阳明义无反顾地起义兵于江西吉安，危情汹汹，他当即连夜使范锡为佛郎机铳，并抄火药方，手书勉阳明竭忠讨贼。他派遣两位仆人抄小道、冒酷暑，昼夜不息，狂奔三千余里，抵达南昌之时，已是朱宸濠就擒七日之后。尽管林俊所援赠的佛郎机铳没有在轰轰烈烈的平叛战场派上用场，但王阳明对挚友林俊那种“忠诚根于天性，故老而弥笃，身退而忧愈深，节愈励”的忧国忧民之忠心深表赞叹！感慨之余，撰文《书佛郎机遗事》记曰：“佛郎机，谁所为？截取比干肠，裹以鸱夷皮；苌弘之血衅不足，睢阳之怒恨有遗。老臣忠愤寄所泄，震惊百里贼胆披。徒请尚方剑，空闻鲁阳挥。段公笏板不在兹，佛郎机，谁所为？”阳明先生以反复叩问“佛郎机，谁所为”的形式，直言称赞见素翁“老臣忠愤寄所泄，震惊百里贼胆披”之为朝廷尽忠、为朋友尽义的行为。

正德十六年（1521）四月，嘉靖皇帝登基，朝廷诏命林俊为工部尚书。九月，还乡余姚祭拜祖茔的王阳明，收到老友林俊寄来的一封书信，提及

“言路开矣，高取难、烦取厌，则开者恐塞；幸门塞矣，短取媒、隙取伺，则塞者且开”，认为朝廷应广开言路和整顿士风，以期达成“德义以正其身，礼义以正其俗。我者皆正，则群小自帖”之愿景。阳明先生回信，称赞林俊“孝友之行，渊博之学，俊伟之才，正大之气，忠贞之节”，回想少年时在京城与其为邻相识的那段时光，可谓是“幸接比邻，又获与令弟相往复，其时固已熟闻习见，心悦而诚服矣”。且对林俊秉持正义，为其申理因“平濠之叛”而蒙冤的举动，深为感慨：“区区一时侥幸之功，连年屈辱之志，乃蒙为之申理，诱掖过情，而褒赏逾分，又特遣人驰报慰谕。此固执事平日与人为善之素心，大公无我之盛节，顾浅陋卑劣，其将何以承之乎！感激惶悚，莫知攸措。”可见，王阳明与莆人林俊之间既有邻里忘年之浓厚私谊，又有惺惺相惜之真挚交情，更有“以社稷为重、以正义为先”的共同价值观。

林富是王阳明在广西平乱中的一位莆田籍重要助手，深受阳明赏识与提擢，甚至在王阳明殁世之后，代其巡抚两广地方，可谓是晚年王阳明平乱立功的左膀右臂。

林富（1475—1540），字守仁，号省吾，兴化府莆田县（今莆田市）人。弘治十五年（1502）中进士，初授大理寺评事，谪潮阳县丞，历升宁波府知府，广东、广西右布政使，以右副都御史巡抚郧阳，官至兵部右侍郎兼右佥都御史、总督两广兼巡抚。

林富与王阳明的情谊，初结于正德元年（1506）的那场触逆刘瑾而下诏狱的浩劫，彼此结为知己；终于嘉靖年间的广西平乱，辅助阳明立功、成为门生，最后代为履职。

王阳明曾于《送别省吾林都宪序》文中回忆：“正德初，某以武选郎抵逆瑾，逮锦衣狱；而省吾亦以大理评触时讳在系，相与讲《易》于桎梏之间者弥月，盖昼夜不怠，忘其身之为拘囚也。”可见，王阳明对于二十几年之前，彼此因同样遭阉党陷害而身陷囹圄，相与讲《易》弥月的悲惨

参观莆田市博物馆

过往，历历在目，娓娓道来，可谓是“嗟我二三友，胡然此簪盍！累累囹圄间，讲诵未能辍”，吟之，无不让人动容。同样，林富亦作《狱中与王阳明讲〈易〉》一诗，记述那段“浮云何黯澹，凄风生暮寒”的艰难岁月，却以豁达、乐观的心态，转换一个角度看待生命中的所得所失，感叹：“同患有俦侣，幸接心所欢。王通揽名理，讲《易》夜深阑。”可见，狱中的相与讲《易》，深刻影响了林富人生价值观塑立与建构。

广西平乱是王阳明一生的“封笔之作”，陨星青龙，长眠于战旅归途。嘉靖六年（1527）五月，朝廷命王阳明以原官兼任都察院左都御史，总督两广、江西、湖广军务，前往广西平定思恩、田州之乱。九月，发越中、渡钱塘、过常山；十一月，抵肇庆、开府梧州；次年二月，平思田；七月，破八寨、断藤峡；十月，疏请告；十一月，自广西北归；嘉靖七年一月，先生星落南安，长眠于归途。在这场平息乱象、重建广西政局中，莆人林富始终是王阳明极为倚重的一名助手。

嘉靖七年（1528）二月，面对纷繁复杂的广西局势，王阳明感到棘手的问题，并非卢苏、王受等土目引发的夷情，而是连年战火之后，疮痍未复，人心恍惶，必须有位“老成宽厚之人”，来“抚恤绥柔”这方“风景凄戚，生意萧条”之地。基于对林富“慈祥恺悌，识达行坚，素立信义”之品性的认可，以及昔日处理思恩、田州事务的肯定。于是，王阳明在《地方紧急用人疏》中，向朝廷建议：“将林富量改宪职，仍听臣等节制，暂于思、田地方往来住扎，抚循缉理，其于事理，亦甚相应……俟一年之后，各夷生理渐复，府治城郭廨宇渐以完备，则将林富量移别处任用。”两天后，他又在《地方急缺官员疏》中，再次向朝廷建议：“令（张佑）与布政林富更互往来于思、田之间，省谕安抚诸夷。其合用廪给、夫马之类，悉照议处林富事例，于南宁府卫取办。”国乱思良将，家贫思良妻，王阳明在平乱、治乱之际，遍观帐中诸多将士，看到的就是莆人林富。到了四月，王阳明在平息思恩、田州乱局之后，谋划修复地方治理体系，以图边陲地区久安长治。鉴于“府治虽立而规制未成，流官虽设而职守未定”，王阳明建议朝廷升右布政林富为宪职，“将南宁、贵州等府卫州县及东兰、南丹、泗城、那地、都康、向武等土官衙门俱听林富等节制”。可见，王阳明初到广西处置思恩、田州事件时，林富就以其之前“在思、田地方安插各夷”的政绩，而赢得王阳明的器重与信任，于是委以重任。

当然，一个人如果没有高尚的品格、担当的作为、堪当重任的才能，是不可能赢得人们的敬重与委任的。林富被朝廷提擢为右副都御史巡抚郧阳的任命诏令下达之际，正是王阳明商议进兵征剿八寨的关键阶段，帐中其他同仁都为林富既提任，又可“免兵革驱驰之劳”而祝贺，林富却坚定道：“不然。当事而中辍之，仁者忍之乎？遇难而苟避之，义者为之乎？吾既身任其责，幸有改命，而亟去之，以为吾心，吾能如是哉？”于是，乃义无反顾地策马驱兵，前往一线，身先士卒，冒暑雨、犯瘴毒，乘危破险，终成八寨之伐。王阳明在《八寨断藤峡捷音疏》中，向朝廷上报战功时，如是称赞道："留抚思、田右布政林富，已闻都御史之擢，而忠义激发，犹且不计体面，必欲督兵入巢，破贼而后出。是尤人所难能。"正是林富以舍生忘死的决绝，"忠义激发""不计体面"地支持王阳明平乱之伐，才赢得了王阳明的敬佩与尊重。

或许，林富如此"尤人所难能"的举动，让王阳明更有底气敢于匆匆离开广西。《明史》记载："守仁已病甚，疏乞骸骨，举郧阳巡抚林富自代，不俟命竟归。行至南安卒，年五十七。"可见，王阳明与林富既是患难与共的狱友，又是并肩作战的战友。他们还是师徒关系，王阳明将"良知之学，遂具以告于省吾。而省吾闻之，沛然若决江河，可谓平生之一快"。

马明衡是王阳明的莆籍亲传弟子。黄宗羲在《闽粤王门学案》中指出"闽中自子莘以外无著者焉"。尽管黄夫子对闽中王门的评价有失偏颇，但也反映了马明衡在闽中王门的突出地位。

马明衡（1491—1557），字子莘，号师山，兴化府莆田县（今莆田市）人，正德九年（1514）进士。初授太常寺博士。选授山东道监察御史，因建言受廷杖，削籍归。

马明衡何时受业于阳明先生？目前所存的文献资料虽未能明确载明具体时间，但从王阳明正德七年（1512）与湛甘泉的书信中所说"子莘极美质，于吾两人却未能深信"，可以推断，马明衡应是于正德七年以前受业于王守仁。

正德九年（1514），王阳明在滁州，之后，升南京鸿胪寺卿。在此期间，马明衡与徐爱、陆澄、薛侃、林达、陈杰等诸人同聚王阳明师门，日夕渍砺不懈。这可从刻于正德十三年八月的《传习录》上卷中所收录的两则与马明衡有关条目得到印证。该卷所辑与马明衡有关的条目有二。一是就"夜间怕鬼"的问题与王阳明对话："子莘曰：'正直之鬼不须怕。

恐邪鬼不管人善恶，故未免怕。’先生曰：‘岂有邪鬼能迷正人乎？只此一怕，即是心邪。故有迷之者，非鬼迷也，心自迷耳。如人好色，即是色鬼迷；好货，即是货鬼迷；怒所不当怒，是怒鬼迷；惧所不当惧，是惧鬼迷也。’”二是马明衡向王阳明请教“修道之教”，阳明先生指出“道即性即命，本是完完全全，增减不得，不假修饰的”，“修道而学，则道便谓之教”等教诲，向后世诸生指明了一条修道的途径。

嘉靖二年（1523）二月，丁忧在家的王阳明讲学于越地，马明衡始终侍学于阳明先生左右，时时请教于先生，多有受益。正如《年谱》所记“邹守益、薛侃、黄宗明、马明衡、王艮等侍……”《传习录》下卷亦有相应记录：“薛尚谦（薛侃）、邹谦之（邹守益）、马子莘（马明衡）、王汝止（王艮）侍坐。因叹先生自征宁藩以来，天下谤议益众，请各言其故……”

嘉靖六年（1527），王阳明收到马明衡寄来的多封论学书信，复信《与马子莘》，信中批评“子莘之志，得无微有所溺乎”，提出“良知即是天理”，“良知之外，更无知；致知之外，更无学。外良知以求知者，邪妄之知矣；外致知以为学者，异端之学矣”等振聋发聩的警世名言，规劝马明衡应致力于良知之学。信末，阳明先生还以“想念虽切，无因面会一罄此怀”一语，表达对弟子的想念之情。

可见，马明衡问学于阳明先生长达十多年之久，且从未间断，勤勤恳恳侍学不息，深得阳明先生真传。从这一点看，黄宗羲对马明衡的偏爱并非完全没有理由。

嘉靖七年十一月二十九日（1529年1月9日），王阳明病逝于一艘停靠在江西南安府章江青龙铺的船中，面对弟子周积询问遗言，他留下“此心光明，亦复何言”八字，展现对生死超然的心学境界。随后，弟子钱德洪讣告天下同门。嘉靖八年十一月十一日，葬阳明先生于绍兴洪溪，“门人会葬者千余人，麻衣衰屦，扶柩而哭”，其中就有时任浙江按察司佥事的莆人林茂竹、时任绍兴知府的莆人洪珠，还有莆籍门人马明衡、蓝渠等。马明衡得闻先师的溘然离世，悲痛不已，挥泪而作《哭阳明先生》一诗："不见河汾久，今为执绋行。帆经严子濑，剑挂越王城。海岳回真气，朝廷仗老成。封章豺虎避，节钺鬼神惊。羽翼惟先达，渊源启后生。中台云里折，孤柱雪中倾。钟鼎还鸣世，文章失主盟。及门多少士，双泪独纵横。"那种痛失尊师之殇，溢于言表，一句"钟鼎还鸣世，文章失主盟。及门多少士，双泪独纵横"，既道出了天下王门弟子之悲号与伤感，也表达了马明衡丧师之痛，更是说明了王阳明与马明衡师生情谊之深。

当然，除了林俊、林富、马明衡之外，还有林俊之子林达、林俊之侄林子文、马明衡之父马思聪，还有王大用、陈国英、陈大章、林宽、林以吉、林学道、林应骢等等。他们或跟随阳明先生征战沙场、平叛乱局，或追随阳明先生问学求道、广播心学……阳明先生虽未涉足莆地，但莆籍阳明亲传弟子却居闽中王门之最。如此一大莆籍阳明亲传弟子群体，闪耀在绶溪荔城的文化星空。

横跨绶溪之上的状元桥

匆匆一别博物馆，漫步在横卧绶溪之上的状元桥，俯瞰碧波微澜的潺潺溪水奔流不息。一股"逝者如斯夫，不舍昼夜"之感油然而生。古时先哲圣贤之传奇与励志，永远是教化一方民众的最好教材，如那绵绵悠长的绶溪水，滋润着兴化莆田百姓的心田，亘古不息，永不干涸……兴化莆田，阳明先生的神交之地；阳明心学，滋养绶溪荔城一方净土。这或许可为莆地"海滨邹鲁""文献名邦"之誉增添一抹璀璨光彩！

世出阳明　论道明陵

甲辰伏月，我受邀出席在昌平区十三陵景区举办的2024年明文化论坛。

天寿山麓的明十三陵，因明代十三位皇帝陵寝聚集于此而得名。在“事死如事生”的传统礼制思想影响之下，这里的陵寝建筑仿拟皇宫，恢宏壮丽，造就了另一个“紫禁城”世界。明朝国祚276年，这里安葬的明代十三位皇帝，执政时间共达255年。这里蕴藏着大量、丰富的明代文明，折射出明代政治、经济、文化等方面的诸多信息，展现了大明王朝发展变迁直至消亡的历史脉络。近年来，明文化成为一股学术热潮，吸引了越来越多的

明长陵

人关注、研究和阐释。正是在这样的背景下，北京市昌平区已连续三年在明十三陵景区举办“明文化论坛”。

北京是阳明先生读书求学、中第从政起步的地方，也是他人生受谪遭罪、感知宦海沉浮的地方，这里承载着先生太多的得失荣辱、悲欣哀乐。作为明代大儒的王阳明，其学说更是影响深远、广泛。毫无疑问，王阳明及其心学也是明文化的重要内容之一。于是，在2024年明文化论坛上，增设了“世出阳明：阳明心学的当代价值”这一主题论坛。

明中后时期，位于福建九龙江出海口的月港，曾经四方商贾云集于此，成为我国东南沿海的对外贸易中心，俨然是闽南地区的大都会。明隆庆元年（1567），朝廷取消海禁，准贩东西二洋，史称“隆庆开洋”，月港成为合法的民间对外贸易港，是从中国经菲律宾至美洲“海上丝绸之路”的主要起航港，一时“人烟辐辏”“商贾咸聚”，呈现一派空前繁荣的景象。会前，我提交的论文是《明中后期福建阳明学对“隆庆开洋”的影响》，起初还担心论文内容过于地域化、小众化。当我在开幕式聆听到被学界尊称为“大毛公”的中国明史学会首席顾问、中国人民大学教授毛佩琦教授所作的《宏观视野下的明史》后，那忐忑之心便释怀了：我的论文契合论坛主题。侃侃而谈的大毛公从明代“永乐的郑和下西洋”“隆庆改元的准贩东西二洋”等重大历史事件中，探赜索隐，娓娓道来，得出一个结论：明代是中华历史上最后一次站在世界中心发言的时代。我似乎可以如此理解：受阳明学影响的月港“隆庆开洋”是成就有明一代辉煌的重要因子。

在次日上午的主题论坛主旨演讲时，我一开口就说：“昨天，大毛公在主旨发言中所提及的月港‘隆庆开洋’事件，就发生在我的家乡漳州。今天，我的发言题目是《明中后期福建阳明学对“隆庆开洋”的影响》。”如此直白的开场白，吸引了在场专家、学者的兴趣与关注。我在发言中指出：在人类社会发展的进程中，经济转型发展总是离不开思想观念的嬗变与解放，且彼此之间相互影响，相互促进。从这个意义上说，新旧思想观念的冲撞与博弈，是引发经济制度变革的重要因素之一。基于这一认知，我通过考察梳理明嘉靖、隆庆、万历时期漳州地区的主流社会思想变革情况，深入探究“隆庆开洋”这一经济转型发展的思想因子，从中可见，阳明学是促进“隆庆开洋”一个重要的元素。紧接着，我从“社情氛围：阳明学‘圣凡平等’观”“顶层设计：阳明学人建言献策”“施政基础：阳明后学入闽履职”三个维度进行一番论断鲜明、论据充分的阐述。结论是：“随着王阳明‘四民’思想、‘圣凡平等’观等阳明学说在闽南地区的广泛传播，加上明嘉靖、隆庆年间众多阳明门人后学的入闽履职、开讲，为月港‘隆庆开洋’提供了顶层设计（天时）、施政基础（地利）、社情氛围（人和）的推动作用。可以说，阳明学是促进月港‘隆庆开洋’一个重要的元素。”这一观点的提出与论证，得到在场诸多阳明学者的肯定，反响热烈。会后，不少专家、学者主动与我交流探讨，可见一斑。应该说，这一观点的提出，也是一个不断完善、修正的过程。最早于2023年底在月港所在地的龙海“第二届月港海丝文化学术研讨会”上，我提出概念性的观点，得到学界的认可。之后，又经过了十多轮的资料补充、阐述完善与观点修正。

每一次外出参加论坛、研讨会，既是一次难得的学习机会，也是向外界展示和邑与漳郡乃至闽地阳明文化成果的良好平台。这不，国内阳明学专家、北京大学教授张学智的《王阳明的实践智慧》，贵州省人大常委会原副主任、贵州师范大学教授顾久的《明朝文化背景中的阳明及其心学》，以及中国政法大学副教授郭继承的《新时代突破前夜的集大成与历史困境——从道心与人心的角度看阳明心学》等让我从不同的角度理解阳明心学。视域不同，看到的景象自然不一样，这些成果更加充盈、提升了我的学识认知。研讨会茶歇期间，我与张学智教授交谈时，他脱口而言：“平和是王阳明打仗立功的第一站。”那时的我闻听此言，一种自豪感油然而生。我从2015年在《漳州今古》（2015年第2期）首次提出“平和是王阳明建功立业的第一站”这一观点以来，不管在哪个场合、哪场论坛发言时，均以“我是来自阳明先生建功立业第一站的平和县张山梁”作自我介绍，十年如一日，久久为功，经过日久月深的积累与灌输，这一论断渐渐得到国内外学界的认同与肯定，“阳明先生建功立业的第一站”成为平和县一张全国性的“文化标签”。每每想及此事，常常被自己这些过往经历、努力而感动。只有真正付出艰辛的努力，才能体会到发自内心的喜悦。

在主题论坛上发言演讲

在这次主题论坛中，除了主旨演讲外，还设置了一个以“正德一朝与阳明心学形成动因”“居庸关与王阳明”“阳明心学与明文化研究”等内容为题的专家访谈，潘建国等三位学者各抒己见，观点迭出，甚是精彩。据钱德洪《王阳明年谱》、束景南《王阳明年谱长编》的相关记载：自成化十八年（1482），阳明先生 11 岁时随祖父初入京师，到正德七年（1512）冬，41 岁时擢升为南京太仆寺少卿而离开京师，此后再也没有抵京。在这 30 年里，阳明先生大致有“八进八离”京师，在京学习、生活、工作时间近二十年。可以说，他三分之一的人生是在北京度过的。换言之，北京对王阳明的学习生长、思想形成具有重要意义。

成化十八年（1482），11 岁的阳明先生在其祖父王伦的带领下，首次踏入京城，居住于长安西街其父王华的官舍，与闽人林俊“幸接比邻，又获与令弟相往复”，成为忘年之交。次年，阳明先生入塾馆受学整整五年，收敛身心。其间，他与塾师那段“第一等事”对话，给后世学子树立了一个“读书学圣贤”的楷模；他出游居庸三关，慨然有经略四方之志，留下了家国至上的英雄情怀……直到成化二十三年冬，16 岁的王阳明自京师归余姚，结束在京六年少年求学、成长的美好时光。于王阳明而言，这段寓居京师的岁月是值得回忆的，这段岁月让这位来自浙东的少年眼界大开，改变了他“旷达不检、任性放逸”的性格，奠定了其良好的人生起步基础。

弘治六年（1493）春，22 岁的王阳明带着浙江乡试中举第六名的佳绩，前往京师参加癸丑科会试。这是阳明先生第二次入京。可惜南宫下第，首次参加会试的王阳明未能如愿以偿。更为糟糕的是，他悬笔立就的《来科状元赋》引来了一番嫉妒，给日后埋下不少祸端。参加会试之后，阳明先生于当年四月在岳父诸让的目送下，返回余姚。这次短短数月的京师参考经历，让阳明先生尝遍了科举失利后的人生种种酸甜苦辣，其实亦是一种历练与积累。

同年秋，返乡数月的王阳明随服阙升官的父亲王华进京，游学国子监。这是阳明先生第三次入京。这次寓居京师最主要的任务就是在国子监学习，以为期三年的全身心备考，来冲刺丙辰科会试。令人痛心的是，在弘治九年（1496）春，他“为忌者所抑”，又一次南宫下第。阳明先生科举之路虽然再度折戟，但却留下了“世以不得第为耻，吾以不得第动心为耻”的名言，为后世所称颂。九月，阳明先生怀着“万里青云志未休”的心情，“束书还向辟雍游”，结束了三年京师太学生涯，回到余姚。

弘治十一年（1498）冬，27 岁的王阳明在祭奠叔父王衮之后，第三次赴京赶考。这是阳明先生第四次入京。次年春，王阳明会试登第，举进士出身。三月的余姚，“龙山佳气重重见，舜水恩波滚滚流”，王阳明荣归故里。

弘治十二年（1499）夏，28 岁的王阳明返京入职，观政工部，开启宦海生涯，正式步入仕途。这是阳明先生第五次入京。其间，他与李东阳、何景明诸公“以才名争驰骋，学古诗文”；赴浚县督造威宁伯王越坟，驭役夫以什伍法；奉命审录江北，事竣游九华，留下《九华山赋》，以咏“初心可绍，永矢弗挠”之志……弘治十五年八月，疏请，离京归越养病，就医调治。

弘治十七年（1504）秋，病愈之后的王阳明，在完成主考山东乡试任务后，回京复命，改任兵部主事。这是阳明先生第六次入京。次年，门人始进，特别是与甘泉先生湛若水“一见定交，共以倡明圣学为事”，朝夕讲论学问。随着正德帝即位，朝廷的政治氛围也悄然发生变化。正德元年（1506）冬，阳明先生得知戴铣、薄彦徽等“以谏忤旨，逮系诏狱”时，乃以《乞宥言官去权奸以章圣德疏》上奏。此举，让阳明先生遭廷杖、下诏狱，被贬谪为贵州龙场驿丞，从一名京官被断崖式降为西南边陲的驿丞。次年春二月，36岁的王阳明与李梦阳一起离京赴谪。这次的离京，彻彻底底改变了王阳明的职业生涯和人生轨迹。

与江西省李晓方、徐春林两位教授在论坛合影

正德五年（1510）冬，39岁的王阳明在经历了龙场悟道，主政庐陵七月之后，入京述职，“至京师，馆于大兴隆寺”。这是阳明先生第七次入京。述职之后的王阳明，即升任南京刑部主事，旋即赴南京任职。这次寓居京师，只有短短数月，但其始终不忘初心，与湛若水、黄绾讲论学问，订立终

日共学之盟。

正德六年（1511）春，王阳明到南都任职短短数月，因杨一清举荐而调任吏部验封清吏司主事，抵京，寓居长安灰厂，与湛若水比邻而居。这是阳明先生第八次入京。自是与湛若水、黄绾三人聚会讲学，剖析疑义，切磋圣学。次年十二月初，在北京任职近两年的王阳明，升任南京太仆寺卿，十二月中旬，与妹夫徐爱同舟归省返乡。这次离京之后，阳明先生再也没有重返京师了。

纵观阳明先生近二十年的京城生涯，既完成了塾馆受学五年、国子监游学三年的完整教育，又历经京师近十年的职场沉浮，有初入职场的青涩，也有不畏阉党之勇气，还有被谪失意的落魄。这些经历磨炼了其坚强的意志、培植了其讲学的舞台……这些，都为其日后学说的形成奠定了基础，起到不可忽视的影响与作用。但在“阳明热”持续不降的当下，恰恰是阳明先生寓居京师这段经历，一直被学界忽视，未能引起学界足够的关注。此前在京举办的数场阳明心学高峰论坛，也极少涉及“王阳明与北京”的话题。所幸，今年的明文化论坛，新设“世出阳明：阳明心学的当代价值”之主题，是一个良好的开端。有了开端，就会有日后的延续与发展……

闽地心雨

王阳明的平乱悍将李增

随着探微“阳明学与福建”的持续深入，特别是闽人与王阳明及其门人、后学往来联系诸事，我更是关注有加，生怕遗漏一些蛛丝马迹，当然也要注意辨别真伪。

近来，我在光绪《漳州府志》辑录的王阳明与漳州的有关史料中，看到一则信息：

王阳明部将李增的故乡——漳州市龙海区东泗乡渐山村

李增，字君受，海澄人。由岁贡生任乐昌令，时九峰贼高快马等啸聚，环其地，数千里莫不被其毒。广东、江西、湖广为之骚然。增单骑诣贼垒招抚之。知不可，即练兵为防御计。正德间，流寇围攻邑城，增开门迎敌，追至覆船岗败之。明年，贼造大车载五十人，凭城而登，功邻邑乳源告急，增赴救，又败之。越岁，三省会剿，楚兵执平民诬为盗，增白兵备道王大用亲验，省释者数百人。守御征剿俱有法，贼亦旋为扑灭焉。初增之未仕也，奋志力学，湛于《易》理，时或聚徒讲明礼教，思以移风易俗，而建义学、筑石堤、盖邮亭，则又能为德于乡云。

很明显，那时的乐昌县，正是阳明先生巡抚南赣等处的管辖之地，而“山贼”高快马是其重点征寇对象之一。那么，时任乐昌知县的漳州人李增与王阳明究竟有着什么联系呢？

查阅李增仕宦地广东的《乐昌县志》（民国本），亦有类似的阐述：

李增，龙溪岁贡。正德十年宰乐昌，时东西山为傜人三窟，势张甚。增至，训兵缉击，患始息。后流贼窜入境，亲提劲兵击之，斩数级，贼惊溃。越明年，会诸镇兵往剿，或执黄圃民诬为贼，增白道宪王大用。大用令送至营验之，遂得免。大用欲迁学宫于城内，增实成之。后士民立王公祠，以增配。

无论是出生地，还是仕宦地的记载，几近相同。再对《王阳明全集》进行爬梳剔抉，发现王阳明在三份奏疏、一份公移中，先后九处提及乐昌知县李增的名字，并多有褒奖，上疏奏请“旌擢”。由此可见，李增是王阳明巡抚南赣、征寇平乱时期的一名悍将。同时查阅乾隆《海澄县志》，得知“李增，七都人，龙溪学，（弘治）十三年（1500）岁贡，乐昌知县。

徭贼作乱，亲入其巢抚平之。祀名宦”。为更进一步确认李增的身份信息，必须查阅原海澄县的相关族氏谱牒，才能查验清楚，辨明真相。在龙海诸生的大力帮助之下，比对《渐山李氏族谱引》的《渐山世泽考》记述：“八世三房正加，讳增，字君受，号南波。由龙溪庠应弘治十三年贡。文林郎，广东乐昌县知县。扫除徭贼，辨黄圃民之冤，全活其众，县人追思，置田立石塑像，崇祀韶州志传，为名宦。有《易经折中》传世。”综上可以确定，这位帮助阳明平乱的悍将李增就是今漳州市龙海区东泗乡渐山村的李氏先人。

漳人李增，这名平乱悍将究竟有什么功业呢？笔者认为至少有靖寇安民、视民如伤、礼教乐民三事。

首先是靖寇安民。明代乐昌县隶属广东韶州府，与湖广宜章接境，邻近江西南安府，可谓是赣、粤、湘三省交界的地方，壤地相接，山岭相连。李增于明正德十年（1515）执掌乐昌，担任知县。那时“广东之乐昌，巢穴相联盘据，流劫三省，为害多年”，山贼时常“攻围城池，敌杀官兵，焚烧屋庐，奸污妻女”，百姓深受其荼毒，无以忍言控诉伸张，以致社会动荡，民不聊生，“神人之所共怒，天讨所当必加者也”。《乐昌县志》有：“正德九年，东莞贼袁周等入乐昌，与高快马合”“正德十二年九月，乳（源）贼结高快马、龚福全、李斌、蓝友贵等千余人寇昌攻城”等贼情警报。又据王阳明的有关奏疏，引用李增以及其他部属的禀报可知：“正德十二年初，上犹贼首谢志珊纠合广东贼首高快马，统众二千余徒，攻围南康县治，杀损官兵”，“东山贼首高快马等八百余徒，在地名柜头村行劫”，“乐昌县山峒苗贼二千余众，出到九阳等处，搜山捉人未散。又报东西二山首贼，发票会集四千余徒，声言要出桂阳等处攻城”等等，大有烽火连天，乱象遍地，“三省骚然”之势。

面对如此猖狂的贼情和处境艰难的民众，身为知县的李增首要任务就是靖寇安民，还百姓一个安居乐业的朗朗乾坤。于是，上任之后，他就认真倾听民声，摸清贼情底细，积极谋划剿贼靖寇行动计划。正德十二年（1517）二月，李增得知贼首高快马等纠合600多名强盗、贼徒出劫害民的警讯，即刻召集打手、兵壮，率兵前去追截抓捕，在云门寺与山贼正面交锋，鏖战多时，最终斩获贼首级24颗，生擒贼徒2名，夺获马7匹，打趴了山贼的嚣张气焰。恰在这时，王阳明奉命巡抚包括韶州府在内的南赣“八府一州”地方，乐昌自是其管辖之区。王阳明一到赣州，“莅任才旬日，即议进兵”，兵次福建漳南地区，平定漳南之乱，取得巡抚南赣的首仗胜利。四月班师，五月回赣，旋即谋划征调三省官军，夹剿以横水、桶冈为中心的赣、粤、湘三省交界的山贼，其中包括漳人李增所任职的乐昌县。于是，作为王阳明麾下部将的知县李增，便十分忠实地执行王阳明所推出的一系列征寇策略。如正德十二年五月，以弭盗为本，实施“十家牌法”，既切断山贼与民众之间的联系，又能查明社情民意。李增还积极配合军门的进剿策略，在三省官兵未集合完毕之时，采取以抚为主的策略，不顾自身安危，单枪匹马深入贼巢招抚，以缓其势，以待军兵，为靖寇平乱赢得时间。同年九月，乐昌山贼高快马、龚福全、李斌等纠集邻县乳源山贼，围攻乐昌县城，知县李增分兵、民为两部，击之，大捷。次年，山贼高快马研制可载50余人的大车，欲以设备之优势，攻打乳源县城，广东兵备佥事王大用设计围剿击毁，高快马败逃到乐昌云门寺，被设伏于此的李增所率民兵击溃。是故志书赞曰：“训兵缉击，患始息”，“亲提劲兵击之，斩数级，贼惊溃”，其靖寇安民之功，载入史册。王阳明在上奏朝廷的《三省夹剿捷音疏》中，亦表：“李增（等），或领兵督哨，或追剿防截，类皆身亲行阵，且历艰难，均合甄收，普加旌擢。”

其次是视民如伤。“权柄在握，当视民如伤”，此为官之道；而“宁捐一官，而不忍杀人以媚天子，功莫高焉”，此为官之本。《当官功过格》亦曰：“获盗，即亲审定案，不至扳累无辜人犯，冤毙囹圄，算百功。”居官全活民众，李增在乐昌为官有之。

明正德十二年（1517）九月，乐昌高快马、蓝友贵等山贼，勾结乳源山贼，纠集贼人上千名，攻打乐昌县城，掠官侵民，涂炭生灵，气焰嚣张。官兵虽竭力反击，战火已蔓延到粤、湘交界的黄圃乡，民众苦不堪言。巡抚王阳明着令韶州府、郴州府集合粤、湘二省之兵力，左右夹击，以求全胜。乐昌知县李增在广东兵备佥事王大用的指挥下，率领乐昌官兵奋力追击。其间，发生了一起令人痛心的事：郴州府宜章官兵挟嫌嫁祸，认为被围困的千余名黄圃乡民皆是山贼同党，湖广领军下令欲将数百名未登户籍的乡人全部诛杀。而王大用力持不可，为慎重起见，便让李增亲自到黄圃，实地走访甄别。李增以乡人邓朝瑛为向导，率兵攻入贼巢，生擒百余名山贼以及胁从乡民，通过一一审问辨别，发现实为贼者仅有 26 人，余者皆是被诬蔑为山贼的无辜者，当场予以释放，还以清白。于是，乡人颂曰：“诬者弗释，不如为贼，民何以白？黠者弗杀，地竟为贼，民何以息？释之、息之，是公德、公功，在民宜享血食祠。”朴素的黄圃百姓，感念李增、王大用等视民如伤之德，在黄圃的高粱坝下兴建一座生祠，并塑王大用、李增之像，常年祀之，香火绵延不息。按《当官功过格》计，全活一人算百功，而李增全活百人之众，其功甚巨。

再次是礼教乐民。无论古今，主宰一方的执政者最大的业绩，也是最难的事业，就是教化一方，化民成俗。正如阳明先生所言“破山中贼易，破心中贼难”。李增在执宰乐昌时，面对形势严峻的贼情匪患，一方面组织官兵积极平乱，以破“山中贼”；另一方面，不忘移风易俗，化民由学，高度重视教育，诞敷文德，以破“心中贼”。正德十三年（1518），乐昌知县李增洞察山民暴乱的深层次原因是民众教化不及、顽劣不化，尽管征讨贼寇重任在肩，还是努力取得佥事王大用的支持，千方百计筹集资金，动员乡绅出钱出力，将乐昌学宫迁移到北城之内，让莘莘学子安心求学。每每政暇之余，李增便到学宫讲学明礼，倡明学道，尽力扭转日益颓靡的社会风气。同时，深入乡间，广泛发布王阳明制定的劝谕文，晓之以理，规劝山贼们“改行从善，是死人求生路”，视同为良民，不追旧恶，如不听规劝，一意孤行，纵是“有翼之虎，谅亦不能逃于天地之外矣”，必遭官兵歼之，让一时误入歧途的山贼幡然醒悟，部分山贼如歧田、天塘等 20 多名山贼，举家赴县衙自首，拜伏官府，并自动请缨擒获同伴，解押到官府。于是，知县李增借助投诚新民的引导，率兵督战，先后两次用计诱杀山贼 86 名，收到“以礼劝贼”“以贼制贼”的双重功效。

王阳明随时随地讲学不辍，在其麾下的李增自然受益良多。王阳明还曾就“广东乐昌县知县李增缉获大贼首李斌，与湖广永州府推官王瑞之间争功”一事，发文《批将士争功呈》，告诫湖、广二省官兵“既名夹攻，事同一体，湖兵有失，是亦广兵之罪，广人有获，斯亦湖人之功”，彼此之间应当同心协力，相互消除怨气。同时，进一步指出“共成厥事，何必己专其伐？”我想，李增收到王阳明这份批文时，定是触及灵魂深处，自省反思“争功者，君子之大耻”的良知妙用，深受阳明教诲。从这个意义上说，李增不仅是王阳明麾下的一名悍将，更是王阳明门下的一名弟子。

王阳明亲裔在武夷

自古以来，名山胜境多以名人而传扬，世界文化与自然遗产地的武夷山亦循此规律，而无例外。“迄元、明以至于今，而闽学集濂、洛、关之大成，则皆讲学此山（武夷）者，而山之名遂以甲于天下。”从这个意义上看，武夷山多多少少也是借助朱子及其理学而名闻天下。正如著名历史学家蔡尚思所题：“东周出孔丘，南宋有朱熹。中国古文化，泰山与武夷。”

其实，武夷山不仅因朱子及其理学而扬名，也与明代大儒王阳明及其亲人有着密切的渊源，或许是因为朱子名重武夷而掩阳明，故人们鲜为知之而已。

有明一代最为荒诞不经的皇帝应是武宗帝朱厚照，登基执政掌权后，便抛弃诸多顾命大臣，而重用宦官刘瑾等“八虎”，以致朝廷上下议论纷纷，忠臣直言进谏不断。明正德元年（1506）二月，时任兵部武选清吏司主事的王阳明，就因戴铣、薄彦徽等“言官”进谏被打入大牢一事，而仗义奋笔疾书，上奏《乞宥言官去权奸以章圣德疏》，冒死进谏，结果是救不了言官，反被刘瑾等阉官所害，除了受尽廷杖的皮肉之苦，又被逮进幽深的诏狱，受到折磨。之后，被贬谪到远离中土的贵州龙场驿，直降为九品驿丞。尽管如此，刘瑾等阉党依然不放过落难的王阳明，穷追猛打，密派锦衣卫尾随跟踪，伺机暗杀。面对死亡的威胁，王阳明急中生智，巧妙以两首《绝命诗》，假言“投江”自尽，从而摆脱阉党追杀。

俗话说：“福无双至，祸不单行。”逃过锦衣卫追杀的王阳明，虽依

武夷山

附商船“游海”至舟山，得以逃生，但却因飓风大作，以致商船随风漂流而至闽界，遁迹武夷数月之久。这是王阳明第一次入闽，与武夷山结缘。阳明先生此次“游海遁迹武夷”的经历，可谓神乎其神。然而阳明门人钱德洪在其所撰《王阳明年谱》中虽是言之凿凿，但却经不起仔细推敲，后人更是众说纷纭。特别是王阳明好友湛若水在为其所撰写的《墓志铭》中，以“此佯狂避世也”一语而否定，认为阳明遁迹武夷，是以“游海”神化传奇的故事来“虚夸”此行，目的是假借狂癫、离奇的行径由头，得以逃避乱世，隐居世外桃源。也就是说，王阳明遁迹武夷山一事是真，而“游海”的过程是假。其实，以今人之思辨来看，也应是如此。

明、清两代《武夷山志》以及《崇安县新志》《建宁府志》等相关志书，也都有王阳明“遁迹武夷”的相关记载。正缘于王阳明与武夷山的渊源，以致明、清两代的后世诸生先后在武夷山立祠 5 座（其中特祀 4 座、合祀 1 座），以供奉阳明先生，供士民瞻仰祭拜，在兹山烙下深深的阳明印记。

王阳明遁迹武夷之后，其从弟王守礼、侄子王正思、裔孙王复礼等族裔，以及姑表弟闻人诠，也曾来过武夷山，或是游历赏心，或是任职留迹，并在兹山留下志书、碑刻、诗篇等。

“三十年河东，三十年河西。”明嘉靖十六年（1537），阳明先生侄子王正思再次入闽，所不同的是，这次并非逃避遁迹，而是受朝廷的委派，担任领辖武夷山的建宁知府，执掌一郡之域。王正思虽然上任不久就调离，但在其履职过程中，还是积极推进嘉靖《建宁府志》的修纂工作，为传承武夷山文化做出贡献。今天，当我们翻阅范嵩为《建宁府志》所作的序文：“嘉靖丁酉……脱稿间，适新守余姚王侯正思至，未及入梓，东麓以擢官去，汪侯以考绩去，王郡守亦以述职去，事遂寝行。”不免心生感慨，仅仅三十年的时光，同属姚江王氏，一位落难逃避武夷，而另一位却是执宰兹郡，修志传世，不免让人心生感慨，“世事难料”，一切皆有可能。我们唯有坚韧不拔，勇毅笃行，才能达成既定的目标，抵达胜利的彼岸。

子贵父荣。或许是因其子王正思担任建宁知府而入闽看望孩子、或许是随子为仕而寓居建宁，畅游武夷的丹山秀水，王阳明叔父王衮的长子、王阳明从弟王守礼也在兹山留下两处摩崖题刻。第一处是在一曲溪北水光石上留下的“渐入佳境”四个大字以及“余姚王守礼书”的小字落款，第二处是在六曲溪南响声岩留下的“一尘不到处”以及“余姚王守礼书”的小字落款。尽管这两处摩崖石刻都没有载明王守礼游历武夷山的具体时间，但从其题刻内容来看，王守礼在游

位于水光石的王守礼“渐入佳景”摩崖石刻

览武夷山时，心情是愉悦从容、闲适旷达的，甚至还有几分萧然物外的禅意，但却少了阳明先生当年“险夷原不滞胸中，何异浮云过太空？夜静海涛三万里，月明飞锡下天风”的豪迈与从容。

嘉靖年间，还有一位阳明先生的姑表弟闻人诠（生卒不详，字邦正，号北江，浙江余姚人），也曾游历武夷山，并在饱览天游峰的峻秀与险奇后，感慨而发作诗一首：“泛尽清溪蹑紫云，紫云深处绝尘氛。梯云漫入层霄去，始信通天有一门。”此诗以《天游观》为题，收录于万历《武夷志略》中，以记闻人诠游历兹山的感受。诗中点明了闻人诠乃是泛舟九曲之后，而登天游的，此诗亦被收录于乾隆《武夷山志》，但以《石门岩》为题，诗曰：“泛尽清溪意未厌，万松深处蹑云根。携筇渐入层霄去，始信通天有一门。”诗文略有差异，其意境相同，不过从“携筇渐入层霄去”这句诗文中，我们可以推测闻人诠应是晚年时期上武夷山的，否则，年少力壮之时，何需携筇上天游？

阳明先生的六世裔孙王复礼（1644—？，字需人，号草堂）是一位穷究理学、贯穿经史的史学人家，并因修纂《兰亭志》《孤山志》而盛名天下。距阳明先生遁迹武夷201年之后的清康熙四十七年（1708），其六世裔孙王复礼应闽浙总督、福建巡抚的邀请来闽，主持福州鳌峰书院，继而寓居武夷山。

王复礼寓居武夷期间，于武夷山而言，我认为至少有修志、建祠、筑房等三大功业可言。

首功当属修纂《武夷九曲志》。康熙年间，闽浙总督满保因捐俸修葺紫阳书院而莅临武夷山，识得武夷山“奇秀甲东南”的真容。然而，历览前世所修的多部武夷山志之后，心中总是觉得那些志书多少存在繁简不一、分类不当、考订未详、诗文失实等诸多问题，与名山不相称。当地官员便向总督满保推荐王复礼新编纂的志书文稿，满保粗略阅读后，为之叹服，评价王复礼所编志书文稿有“云气如长江大河，意似寒潭秋月，清光射人”的磅礴巨笔。于是，便商议将王复礼所编之志书文稿付梓刊刻，与《兰亭志》《孤山志》并称，为不朽之志，为名山生色，为胜地增光。而王复礼也鉴于“名山皆有志，然求其佳者，绝少”之故，加上世交陆廷灿的共同参考酌定，遂完成此志，流传至今。《武夷九曲志》全书16卷，由景献堂刊刻，为后世留下一部“简而该，明而核”的文化瑰宝。

第二份功业便是倡议移建王文成公祠于冲佑观前。清康熙四十八年（1709），建宁府督学杨笃生、巡道陈廷统到崇安县公务之间，慕名拜访王复礼。作为阳明先生裔孙的王复礼，深感之前刘佃建于西禅岩之麓的阳明祠已荒废多年，心中难免惭愧有加，便倡议再次移建王文成公祠。此提议得到巡道陈廷统、崇安知县王梓的鼎力支持，率先捐俸倡建，在冲佑观（今武夷宫）前的望仙桥右侧，重建王文成公祠，以供后人景仰，并作《重建王文成公祠记》以记之。清代重臣李光地登上相位之后，曾偕同堂弟李光墺莅祠拜谒王文成，并访问王复礼。李光墺赋诗《同厚庵长兄谒王文成

位于西禅岩之麓的王文成公祠遗址

公祠并访草堂先生》，以抒“生逢圣人世，道与万天并”之感。

如果说修志是为兹山传名之功，移建祖先公祠是慎终追远之举，那么修建武夷山庄则是颐养天年之为。清康熙四十八年（1709），王复礼经友人介绍，购买位于大王峰下岩后的一片几近荒废、杂草丛生的数十亩茶园。他耗时两年营建，山庄竣工后，榜书题写“武夷山庄”，自撰《武夷山庄记》，并以朱熹杂咏武夷之韵，和韵而作诗十六首，以描绘山庄之堂、轩、楼、亭之概况并歌咏其精美，为武夷山留下一笔宝贵遗产。

岁序更替，沧海桑田。如今，当人们登上天游峰，虽已看不到阳明先生曾题在天游观墙上的那首《武夷次壁间韵》，但却依然领略到先生诗中“肩舆飞度万峰云，回首沧波月下闻”的壮丽，更可在其裔孙所编撰的《武夷九曲志》中读之、赏之。这就是一种文化的传承，一种生生不息的传承……从这个意义上说，王阳明及其后人在武夷山留下的阳明文化遗存，并没有湮没在岁月的过往与风雨的侵蚀之中，而是始终焕发出文化的璀璨光芒。

遇见王阳明

五百年来，人们总会在某个时刻、某个地方遇见王阳明，他的“良知即是天理”，让人们心灵滢然澄澈；他的“知行合一”，使人们品格坚守慎独……

他一生几被谗言所废，受侮辱、遭诋毁、下诏狱，始终节概刚贞，壁立千仞，于祸机四发中定心，此阳明之立德；他经历谪贬龙场，居夷困顿数载，以“圣人之道，吾性自足”为起点，探圣学之幽深，人闻其说，于纷波中定虑，此阳明之立言；他文人用兵而经戎行，以“平闽广、平横水桶冈、平三浰、平宸濠、平思田、平八寨断藤”的“六平”之功，平贼定难，扶社稷之将倾，此阳明之立功。或曰：人之存于天地之间，若有不朽者，其为立德、立言、立功欤？阳明先生三者皆备，是谓“真三不朽”！

人们钟爱王阳明，不仅爱其才，更爱其人。

他是一名纯粹的精神生活者，把颠沛流离的贬谪生活过得活色生香，煮野菜而充饥，唱姚剧而解愁，居洞穴而玩《易》……无一不是苦中作乐的产物。

他不完美，却活得真实，哪怕被贬到蛮荒之地、被谗言所讥之际，依然坚持说真话、干实事。平和，因此得遇王阳明。

明正德年间，经历了一百多年发展的大明王朝，已然出现政治危机、吏治腐败、管控松懈、民情激愤等诸多现象，而且彼此交织，相互叠加，以致山民暴乱此起彼伏。可以说，明王朝到了走向衰落的时刻。就在此时，福建詹师富、广东温火烧等纠聚数千之众的“山贼”，在闽粤交界的漳州南部绵延山区，也就是今天的福建平和、永定与广东大埔的交界地区，占山为王，与官府分庭抗争，还跟江西谢志珊、广东池仲容等结为联盟，以致“三省骚然”。弄得南赣巡抚文森挂印而去，使得这个地方出现管理真空，可谓是“乱上加乱”。

无论是什么朝代，也无论是什么原因产生的社会动荡不宁、民众揭竿而起，都跟执政者的政治路线偏离了民心有着密切关联。应该说，天底下没有一个民众自愿落草为寇，与官府为敌，但往往是受到朝廷政治昏暗、官吏腐败、民生凋敝所逼，万般无奈走上这条当贼为寇的不归路。这些人中，大部分是为生活所迫，真正罪大恶极的只是少数。正如王阳明事后在《告谕浰头巢贼》所述：“漳寇即平，纪验斩获功次七千六百有余，审知当时倡恶之贼不过四五十人，党恶之徒不过四千余众，其余多系一时被胁，不觉惨然兴哀。”这些所谓“山贼”，更为确切地说是“亦贼亦农”的百姓，大多原本是善良的社会底层民众，可以说是当时政治不明的受害者。然而，当他们占山为王、落草为寇之后，不但扰乱了整个社会秩序，也影响了其他百姓的生活节奏。从这个意义说，“山贼”骚然的出现，是社会矛盾长期积累的集中爆发，既是朝廷之不幸，更是民众的悲哀。

“利莫大于治，害莫大于乱。”不管是哪个朝代，还是哪位执政者出于什么目的，定将不遗余力地保一方黎民百姓的安居乐业，作为稳定政权的最根本基业、最重要任务来抓好落实，容不得任何地方出现动乱与不宁。

就这样，朝廷选择了王阳明。在兵部尚书王琼的力荐之下，明武宗下旨任命王阳明为都察院左佥都御史，巡抚南、赣、汀、漳等处，开启南赣戡乱的征程……

王阳明巡抚南赣期间，于正德十二年（1517）初，带领赣州知府邢珣，率部二千精兵，进军汀州，驻节上杭，深入漳南山区一线征剿“山贼”。

每一次成功的背后都是对之前失败的总结。王阳明基于对前任巡抚数次征剿失利的分析反思，认为之前官府屡次征剿而盗贼不散、地方不宁的原因，就是“山贼”在官府中安插了众多的耳目，充当谍报人员，以致“我在明处，敌在暗处”，官兵的一举一动都在“山贼”的掌控之中。为此，他推行“十家牌法”，对辖区百姓逐一登记身份，严加管控，切断民众与“山贼”之间的沟通渠道，防止通风报信，有效革弊除奸。同时选练民兵，打造剿贼平乱精兵，从而打响了其巡抚南赣的第一仗——漳南战役。经过两个多月的激烈征讨平乱，先后攻破了福建象湖山等32座山寨以及广东大伞等13座山寨，肃清了长期盘踞在漳南地区的山民暴乱，取得了巡抚南赣汀漳的首仗胜利。

平定漳南之后，针对该地“极临边境，盗贼易生”的社情民意，王阳明不惜“亲行访询父老，诹咨道路”，深度分析民众自甘落草为寇、社会动荡不安的根本原因，以亲民的治世之道、良知的本性之仁，萌发了“破山中贼易，破心中贼难”的理念，提出“析划里图，添设新县”，“添设县治，以控制贼巢，建立学校，以移风易俗”等理政安民举措，先后于明正德十二年五月二十八日（1517年6月16日）、十三年十月十五日，分别上奏《添设清平县治疏》《再议平和县治疏》，析南靖县清宁里、新安里，漳浦县二都、三都，置平和县。

事实证明，王阳明顺应民心，以“明德亲民”的理政举措，添设县治，既使民众“欢欣鼓舞，如获重生”，又让“山贼”失去藏身之所、盗抢之机，“妖氛为之扫荡，地方为之底宁”，曾经的荒蛮之地，风俗为之一变，礼制深入人心。正如施邦曜所评“先生此举，不特可以弥盗，亦可以变俗，允为后事之师”。如果说，王阳明指挥的“漳南战役”是其“知行合一”思想的具体践履，而两度奏请设立平和县则是其“明德亲民”思想在闽粤交界山区的落地结果。

一个人点亮一方邑。恰恰是这样一位古圣先贤，让闽粤交界的偏僻之地平和，有了教化的昌明。因有了王阳明的两度上疏，陈言力推，才让曾经“地里遥远，政教不及，小民罔知法度，不时劫掠乡村”的盗贼强梁之区，嬗变为“百年之盗可散，数邑之民可安”的礼义冠裳之地，这对稳定平和地方的社会秩序有着定鼎之力。同时又通过推行“十家牌法”、修“乡约”、兴“社学”等措施，强化乡村管理，规范乡民道德，维系秩序，化民成俗，实行建学校、易风俗、强教化等安民政策，告谕百姓要勤农业、守门户，爱身命、保室家，孝父母、养子孙，养成了“读书无论贫富，岁首延师受业，虽乡村数家聚处，亦各有师”尊儒崇文重教的景象，收到了“盗将不解自散，行且化为善良”的“散盗安民”之功效。和邑，成为“弦诵文物，著于郡治”“人为诗书，家成邹鲁”之地，这对完善平和的社会治理有奠基之功。

五百年，俱往矣。多少人与事、成与败，都淹没在历史的过往之中。然而，时至今日，“阳明遗风”仍深深影响着和邑的精神和文化，阳明镇、阳明祠、阳明路、阳明公园、阳明琴社、文成中学等带有历史印记的文化符号，这就是平和人对阳明先生的敬意和感激。

崇德报功，必有祀典。明嘉靖三十三年（1554），也就是王阳明去世25年之后，福建按察司佥事梁佐以官方身份要求时任平和知县赵进修建阳明祠。为此，和邑在其县城（今福建省平和县九峰镇）儒学宫的西南角修建一座专祀阳明先生的祠宇，铭记其捍患平乱之功，感念其施民教化之德。

到了明崇祯六年（1633），到任不久的平和知县、阳明后学王立准，鉴于“旧祠湫隘卑庳”，决定“移建于东郊”，新祠背郭临流，紧靠县城东门，面临九峰溪，祠中塑王阳明像。整座公祠“堂宇恢宏，栋楹华采……诚一方巨观也”，主建者还诚邀“一代完人”黄道周撰书《平和县鼎建王文成先生祠碑》，载述移建公祠的相关细节。

之后，到了清代，阳明同邑、后学胡邦翰倡议在安厚建立书院，南胜防厅署刘良璧在南胜创建书院，均祀祭朱子、阳明二先生，表达了和邑百姓“不忘其德，至今俎豆之”的情愫。当朝宰相蔡新在其《平和安厚书院记》提出：朱子理学是“圣学之阶梯”，而阳明心学是“救时之药石”。他更是深刻指出：朱子理学、阳明心学之间存在“四个相同”的学术观点，即“同以圣人为可学，同以省克为实功，同以遏欲存理、戒慎恐惧为入门，同以君臣、父子、夫妇、昆弟、朋友为实境”，从一个侧面反映了作为朱学重地的福建，有着“朱王会通”的地域文化特色。如此之断言，即使到了今天，亦为学界认可。

文化的传承，是最经久也是最有效的弘扬。当下，王阳明及其心学深受社会各界的普遍重视，成为中华优秀传统文化研究中的一大“显学”。作为阳明先生立功第一站、奏立的第一个县平和，在挖掘、传承、弘扬等阳明文化上，继往开来，以学术为基础、以历史为背景、以人民为中心，化古为新，厚植阳明文化优势，使得新时代平和阳明地域文化的探索研究、传播发展充满活力，引起学界的关注。近年来，平和县持续举办了王阳明与平和学术座谈会、首届海峡两岸（福建平和）阳明心学高峰论坛、阳明学与闽南文化学术研讨会、阳明学在福建学术研讨会、阳明学在福建（漳州）论坛等 5 场学术活动。随之而来的是，国内外专家、学者对和邑一方热土的关注与宣传，阳明文化也让和邑与国内阳明行经地联系起来。如此这般，阳明先生俨然成了平和的文化代言人、形象大使。

在县城临溪的地方，一座占地 160 多亩的阳明公园成了人们休闲的好去处，一尊阳明先生塑像立于其中，两侧是其两度向朝廷奏请设县的疏文，疏文将塑像环抱成形。人们在瞻仰之余，自然了解王阳明与平和的历史渊源，无须更多着墨。公园内还创办了省内专业性最强、资料收集最全、学术支撑体系最多的兼具学术性、普及性的阳明文化传播基地——平和县王阳明文化展示中心，以直观、立体形象走进普罗大众的视野，让百姓有了礼敬阳明先生、传承阳明文化的地方。

五百年来，和邑百姓始终没有忘记王阳明，我想后世诸生亦是如此。因为，王阳明及其心学生生不息……

明清漳新五邑怀述阳明

漳州在明中后期的一百多年，无论是在政治、经济，还是在社会、文化等方面，都是自唐垂拱二年（686）设州以来最为辉煌的时刻。恰恰是在这一时期，漳州府之属县从五邑骤增到十邑，亦是漳州史上催生县邑的“高峰期”。用闽南人的俗语方言来说，就是“添丁兴旺”。

不妨简略回溯一下漳州的“添丁”史吧。唐垂拱二年（686），置州

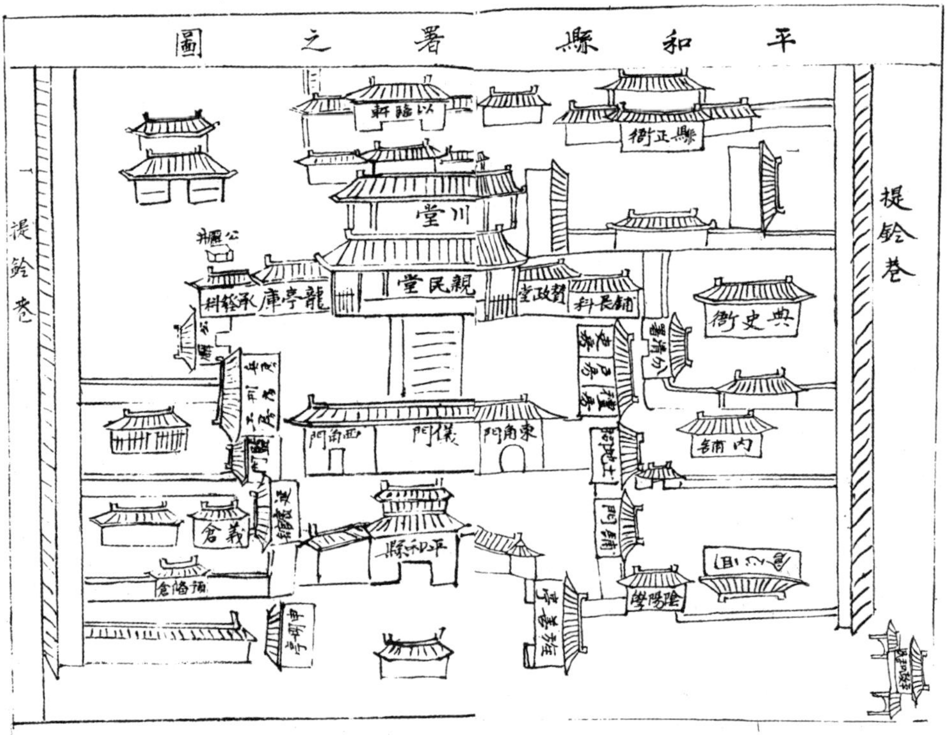

明平和县署图

伊始，分泉州、潮州，置漳州，并置漳浦县属之；开元二十八年（740），朝廷析置怀恩，漳州领漳浦、怀恩二县；大历十二年（777），割汀之龙岩县来属，而领漳浦、龙溪、龙岩三县；宋太平兴国五年（980），以泉州之长泰来属，凡领龙溪、漳浦、龙岩、长泰四县；元至治二年（1322），析龙溪、龙岩、漳浦三县地，以置南胜县，共领龙溪、漳浦、龙岩、长泰、南胜五县。历经唐、宋、元三代六百多年时间，漳州之属县，从“一”添加到“五”。但到了明中期，出现了“添丁”井喷的现象，繁衍之盛，一时蔚为风尚。明成化三年（1467），析龙岩县地置漳平县；正德十二年（1517），析南靖县地置平和县；嘉靖九年（1530），析漳浦县地置诏安县；嘉靖四十四年析龙岩县地及割延平府大田、永安二县地，置宁洋县；隆庆元年（1567），析龙溪、漳浦地，置海澄县，领龙溪、漳浦、龙岩、长泰、南靖、诏安、漳平、平和、海澄、宁洋十县邑。从成化三年到隆庆元年的百年之间，漳州之属县，从“五”裂变为“十”，其“添丁”势头之“兴旺”，不可不谓是漳州历史发展的一个奇迹。

多年来，我养成了以“在人类社会发展的进程中，经济社会转型发展总是离不开思想观念的嬗变与解放，且彼此之间相互影响，相互促进”之发展观，来看待分析各种各样的社会现象。最近，应市里之邀，执笔撰写《清漳阳明》一书。于是，我便徜徉于漳州及其属县的诸多旧志之间，读史摘志，爬梳探微，试图从当时漳郡的主流思想、文化现象来考察社会变革，从中发现一个现象：无论是在平和、宁洋、海澄县治的奏请添设上，还是在诏安、宁洋、漳平创建之初的教化上，都可看到王阳明及其后学置身其中的躬行践履与勤恳付出。从阳明学这一独特视域去看待明中后期漳郡新添五邑的社情民意，或许有不一样的认知与感受。

一

明万历癸丑《漳州府志》记曰：“正德间，象湖诸处乱起，虔抚都御史王守仁督兵讨平之。后采乡三老议，以为芦溪等处，地里遥远，政教不及，酿成大祸，今动三军之众，合二省之威，虽曰歼厥渠魁，扫除党类，特一时之计，未为久远之规，乞于河头、中营添设县治，引带汀、潮，喉襟清宁，政教既敷，盗贼自息，上疏请于朝，置平和县……月港者，龙溪海上一大都会也。自内外贼盘据为难，烽燧传警，岁无虚日，都御史朱纨疏请建邑，不果。后郡守唐九德力持其议，都御史汪道昆为更请置县海澄。”而康熙《宁洋县志》则记：“曹文华、曹鸣凤者，龙岩诸生也，乃条陈八议，呈请设县，巡海宪副周公单车入县，力相其成。”在这里，我们清楚看到王阳明入漳平乱而“上疏请于朝，置平和县”，阳明后学汪道昆“更请置县海澄”，阳明再传弟子周贤宣“单车入县，力相其成”之史实。

明正德十二年（1517）春，巡抚南赣汀漳等处的王阳明，亲自督领赣州知府邢珣率精兵2000名入漳平乱，打响其建立功业的第一仗——漳南战役，采取行十家牌法、选练民兵等策略，历时两个多月的征讨，先后攻破了象湖山、箭灌等40多座山寨，肃清了盘踞在闽粤交界山区数十年之久的山民暴乱，妥善安置了众多“山贼”家属。平乱之后，针对漳南地区“极临边境，盗贼易生”的现状，以一个政治家的眼光、思想家的智慧，抽丝剥茧地分析了当地民众落草为寇、社会动荡不安的根本原因，基于“破山中贼易，破心中贼难”的认知，提出“析划里图，添设新县”的思路，探索“添设县治，以控制贼巢”的长治久安之策，分别于明正德十二年五月二十八日、十三年十月十五日向朝廷上奏《添设清平县治疏》《再议平和县治疏》，建议析割南靖县清宁、新安二里，添设“平和县”。从此，平和，成了中国版图上的一个县；平和亦将王阳明尊为“县父”，成了阳明过化、存神之地。

在第一份奏疏中，王阳明认为该地方“地理遥远，政教不及，小民罔知法度”，提出“建立学校，以移风易俗”，强调应注重对民众“训以儒理”，才能实现“政教既敷，盗贼自息”之目的，达成“永保地方事理”

之愿景。可见，王阳明一开始就将启迪思想、诞敷文德等教化民众之举措，列为地方久安长治的首要议程。在第二份奏疏中，提出“新县所属多系新民，须得廉能官员，庶几开新创始，事不烦而民不扰”的选官用人意见，得到朝廷的采纳，选派曾与阳明先生一同求学于娄谅门下的罗伦之子罗干，来到和邑执宰首任知县，到任之时，“方建县之始，百度未饬。干悉心经理，胸中具有成画”，深得民众之赞赏。可以说，王阳明在“漳南战役”中体现的是“知行合一”思想的具体践履，而两度奏请设立“平和县”，则是其“明德亲民”思想在闽粤交界山区的落地结果。

据明崇祯《海澄县志》，海澄旧名月港，唐宋以来，就是海滨一大聚落地，到了明成化、弘治年间，尚有“小苏杭”之美誉。正德间，当地势家豪民私造巨舶，“就海波为阡陌，倚帆樯为耒耜”，远骋彼国异域，开展海上走私贸易，以致出现“沿海之乡，无一而非海寇之人”的现象。为此，嘉靖二十七年（1548），巡海道柯乔建议在月港设置县治，加强海上贸易管控，得到都御史朱纨、巡按御史金城的支持，终因地方治安稍宁，设县一事暂搁。之后，谢老等自

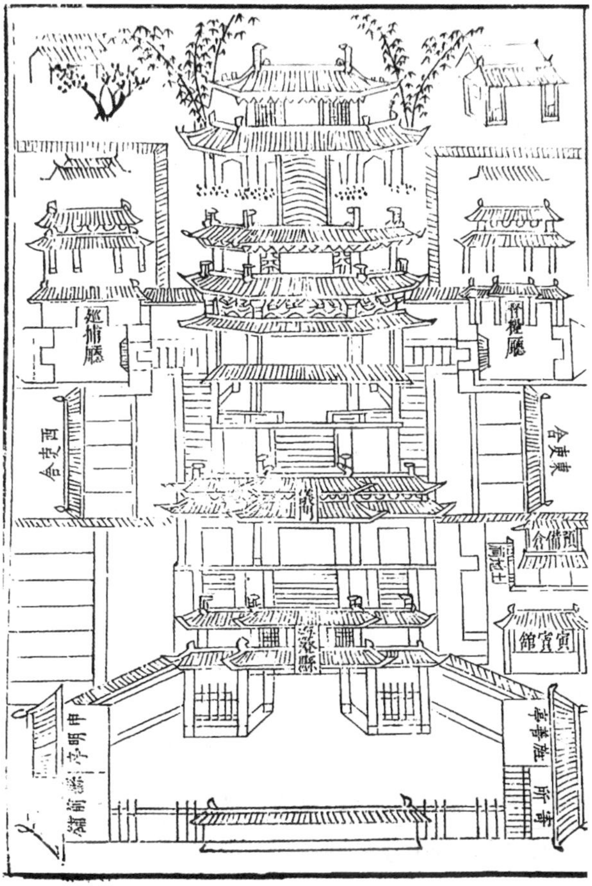

明海澄县治图

称“二十四将”的海寇越发猖狂，以致倭警频传，顽民乘机构逆，田园荒芜，民生凋敝。嘉靖四十二年，阳明学“信从者”、都御史谭伦试图以“羁縻之术”，下令招抚，申请增设海防同知，将靖海馆改为海防馆，以处理海上事端。嘉靖四十三年，阳明门生欧阳德弟子、巡海道周贤宣，虽设计招抚张维等海盗巨魁，也深知张维等海盗心怀不一，既保持“戎未熄也”的高度警戒，又不失时机地循循讲论，以《阳明先生则言》教化民众，做到文教武压，双管齐下。此时，听选官李英、陈銮等相率再次申请设县，朝廷下旨着令福建官府审议、复核添设县治一事。嘉靖四十四年，漳州知府唐九德建议析割龙溪一都至九都及二十八都之五图，并漳浦二十三都之九图，凑立一县。对此，都御史汪道昆、御史王宗载倾听俯采下属之意，及时上疏具请附议，助推置县开治一事，朝廷终于下旨赐县名为“海澄”。隆庆元年（1567），海澄迎来了“双喜临门”的好事：既正式开县设治，又“准贩东西二洋”，成为合法的民间海外贸易港，开启了“人烟辐辏”“商贾咸聚”的繁荣发展篇章。

海澄置县的起念设想始于嘉靖二十七年（1548），终于隆庆元年（1567）的设治，历时二十年之久。其间，调停居中的谭伦以及最终促成其事的周贤宣、汪道昆三位官员，其学术思想背景，引起笔者的特别关注。只因在他们身上，都烙刻着鲜明的阳明学印记。颜钧讲学记录显示：“时在甲辰（1544）秋，聚同年若干、京仕若干，倡会九月，招来信从者若谭伦、陈大琮、王之诰、邹应龙等四十七人。”说明曾于京师聆听泰州学派代表人物颜钧讲学的谭伦，是一位阳明学者。而拜师从学于阳明门生欧阳德的周贤宣，学本源自阳明心学，自是阳明再传弟子无疑。汪道昆不仅崇拜阳明学说，且与王畿、焦竑、王世贞等阳明弟子多有交往互动，并建立友好关系，尤其是受焦竑“力主独立、自由、平等、开放”思想的影响，至少可被认定为“私淑阳明”者。

经过一番设县历程的简要梳理，清楚看到，在海澄添置过程中，阳明学“信从者”谭伦、阳明再传弟子周贤宣、“私淑阳明”者汪道昆诸君，无不出谋献力，功不可没。

康熙《宁洋县志》有记：嘉靖年间，龙岩县集贤里一带，人习乖残，各地盗贼生发皆以此地为渊薮，特别是山寇廖选、苏阿普啸聚其间，任意剽掠焚劫，积弊累久，民众深受其害，生灵涂炭极矣一时。无论是巡抚、巡按，还是巡海道、州府，同心计谋讨贼，邀檄周边四县乡兵进剿，更有甚者，漳平知县魏文瑞率兵讨逆，战死沙场。嘉靖四十一年（1562），讨贼伊始，魏县令就认为，此地林密谷深，地偏一隅，教化有所未及，建议设立县治的久安之策，可惜的是，出师未捷身先死，设县之议随其身卒而止息。之后，龙岩生员曹文华、曹鸣凤乃条陈八议，呈请设县。得到时任巡海道副使周贤宣的鼎力支持，“单车入县，力相其成”。嘉靖四十四年，朝廷添设宁洋县治于东西洋（今漳平县双洋镇）。是故，志赞曰：“宁洋既设……所自成者，周海巡；肇之者，曹二生也。”周海巡就是巡海道副使周贤宣，宁洋设县之成事者。宁洋县虽于1956年因区划调整而被撤销，早已消失在漳人的视野中，但阳明弟子周贤宣之相成设县的努力，漳郡后世诸生是不会忘怀的。

二

如果说，王阳明奏请添设平和、汪道昆更请置县海澄、周贤宣力相其成设县宁洋，肇创三县于闽南，有奏立之功；那么何春、董良佐等一批阳明后学仕宦于诏安、宁洋等初创之县，不忘办学教育，化民成俗，则有教化之德。

清人陈弘谋《从政遗规》曾云：“天下最亲民者，惟守令。虽圣明在上，而一二贪残居职，民不得其所者，多矣。故一邑有循吏，则一邑受泽；一郡有循吏，则一郡受泽。其功德比于君相，似小而更密，似赊而更急也。大略教化为上，宽仁次之，综核又次之。”在古代，对于普通百姓而言，郡守县令的德行是其最能直接感受到的，因为其最重要的职责就是教化，化民成俗。倘若一个品行操守不良之徒担任郡守县令，怎么有可能教化一方百姓呢？特别是深受贼寇蹂躏草创之初的县邑，民众之思想混沌未化，教化不及，更需要官府“敷文德、变习俗”之施为。

置县设治于嘉靖九年（1530）的诏安县，于次年迎来了首任知县、阳明亲传弟子何春。无论是《诏安县志》称其“每以簿书之暇，诣明伦堂与诸生论所以为学之要……将大明姚江之学，以化民成俗为己任者”，或是《漳州府志》赞其“政暇诣明伦堂，与诸生讲论，示以为学趋向教民……当县治新设之初，务欲化民成俗”，无不表明面对经历“广寇为患”、百制未备的新县邑，政暇之际的何春即到明伦堂开堂会讲，以阐明、广播阳明心学，力求化民成俗为第一要务，讲学传习不辍。何春，让饱受盗寇侵扰之地，重开洙泗弦歌之教，更启阳明心学的昌明教化。这无疑是诏安之幸。是故，诏安之“民至今思之”，所思者，我想应是“将大明姚江之学，

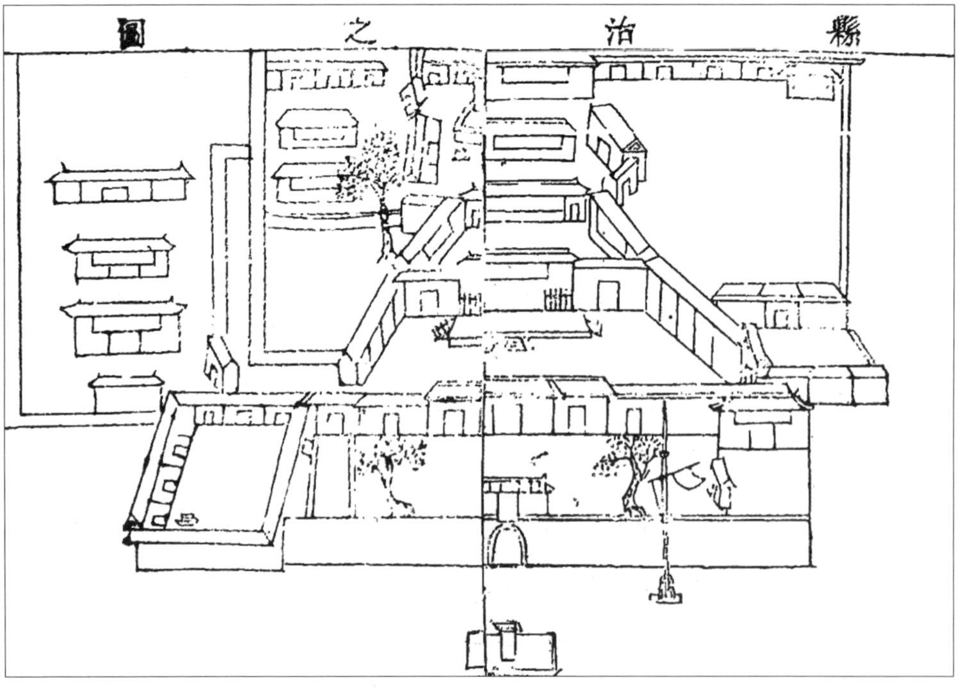

明诏安县治图

以化民成俗”吧。

明正德十二年（1517）十月，何春得知督兵赣州的王阳明开府讲学，兴奋不已，便对其弟何廷仁说：“此孔孟嫡派也，吾辈当北面矣。”兄弟俩遂与黄弘纲等人到赣州拜阳明先生为师，受业门下。次年，何春回到于都，在罗田岩开辟“观善岩”讲肆，还请阳明先生为之题额“观善岩”三字，并题“善吾性也，曰观善□□，所谓相观而□□也”等17字小序。之后，日与同志谈学。可见，何春在诏安的开堂会讲，是延续其在观善岩讲肆之风气，使士子有所醒发，更让诏安民众知廉耻、懂自重。

无独有偶，设县于嘉靖四十四年（1565）的宁洋，于隆庆元年（1567）秋季也迎来了首任知县、阳明后学董良佐。新邑之初的宁洋，乃是一个荒莽之区，城郭未完、县署未构、学宫未备……更不用说其他的设施了。董良佐一到任，便悉心殚力，建学宫、造公署，修河桥、筑道路……更值得一提的是，当时宁洋新民多为流移之徒，心志尚多有反侧不一之念，董良佐采取“宽征输、严侵渔、罢烦冗”之亲民举措，以勤抚之意念昼夜经营，安抚民心，休养生息；以饬方张之治具，革除久陷乖张不轨之人心。时常召聚父老子弟等邑人，开讲致良知之学，迎机开导，穷日不倦，立乡约，申圣谕，刊布《家乡礼纂》……士民渐知向化，一时四面响风焉。董良佐不但自己开讲王阳明之学，还邀请阳明再传弟子、巡海道副使周贤宣开坛讲学于辕门之下，以期格心，以破“心中贼”。万历《漳州府志》以“观听者以千万计”一语，来描述当时宁洋民众接受阳明学之热烈情景。此举，将阳明学在漳郡的格心导民、传播流布，推向一个新高度，难怪其上司、道友周贤宣称赞“董先生真当代良佐也”。

而对早于阳明先生出生之前就已立县的漳平一邑来说，王阳明及其后学虽未有如平和、海澄、宁洋三县的肇创之功，也没有如诏安、宁洋二县的首任知县之缘，但阳明学对漳平县的影响仍有可言之处。如明嘉靖二年至五年（1523—1526）之间，与王阳明同处龙泉山下、常到中天阁聆听王阳明讲学的余姚人施信就任漳平知县。对其政绩，漳平志书虽没有详尽记载，但光绪《余姚县志》则言："授福建漳平县，风检严峻，不为权贵屈，豪强咸敛迹……复加意学校，以羡余置学田，士类德之。"可见，施信在漳平任职期间，多有效仿王阳明中天阁讲学之举，以教化为先，广传圣学，以致漳平士子"有舍旧闻而好为新论者"。如曾汝檀以贡入南雍，受学于曾与王阳明"一见定交，共以倡明圣学为事"的甘泉先生湛若水，归家乃构心源精舍，以讲学为事，吸引四方众多来学之士子，深受时任福建提学副使的阳明后学姜宝的赏识，姜宝"独推重之"。又如陈九叙于嘉靖四十五年到仪真（今江苏仪征）受学于王艮次子王襞，以易简中正为宗，由人伦日用穷探原本，尝言："学必成其大，不以一节取名高；学必成其是，不在与人竞门户。"得到沈宠、王襞、耿定理等阳明后学的认可，"咸印可其学，以为正派"。著有《心源录》，门人李之藻梓以行世。由此可见，立县一甲子之后的漳平县，与漳郡其他县邑一样，以崇良知之学为尚，且多有成果。

当然，明中后期阳明学在漳郡其他地区，亦是广为传播弘扬，笔者曾有《漳州阳明学发展阶段探析》一文言及，这里就不再赘述了。但通过对明中后期漳州新置五邑与王阳明及其后学关系的梳理，进一步论证、巩固了鄙人之前所言"漳州是明中后期福建阳明学的传播中心""漳州是'闽中王学'的发展重地""漳州阳明学的发展从未间断"等观点，提供了更为坚实的学术支撑。

《阳明先生集要》四次印行和流传域外

阳明学人无一不知：《阳明先生集要》（简称《集要》）崇祯施氏刻本与《王文成公全书》（简称《全书》）隆庆谢氏刻本是阳明学文献的两个极为重要版本，但《集要》“初刻于闽，再刻于浙，三刻于黔，四印于沪”的刊刻历程却是鲜为人知的。

辑评者施邦曜

《集要》崇祯施氏刻本的辑评者是时任漳州知府的施邦曜，而组织刊刻者则是时任平和知县的王立准。两位都是莅闽任职的浙江人，亦是阳明后学。

明天启七年（1627），王阳明的同乡施邦曜（1585—1644，字四明，号忠愍，明万历癸丑科进士）出任漳州知府，以廉干著称。黄宗羲在为施邦曜撰写的神道碑铭中赞曰：“五百里民隐如在庭内，每有盗发，辄曰此必某也，其里贯姓名无不知之者。”而《明史·施邦曜传》则称其：“尽知属县奸盗主名，每发辄得，阖郡惊为神。”

如此兢兢业业的知府施邦曜，其修身养性之德行，皆因“少好王守仁之学”，“得力于文成”，“自其平生，宗仰文成，以致良知为学，见之真，守之确，视匹夫匹妇之谅远矣”，是一位虔诚的阳明后学。

施邦曜在担任漳州知府期间，每当政暇之际，便静心细读精研浙江巡按谢廷杰所编之《全书》，即《全书》隆庆谢氏刻本。所谓《全书》隆庆谢氏刻本是浙江巡按、御史谢廷杰（生卒年不详，字宗圣）有感于“阳明先生一生发表之著述、讲学之要义，由其学生、门人整理、编辑、刊刻而成选编、节录之类的单行本”，“见所录若干集，各自为书”，存在零散而非全面，缺乏系统之弊端，担心“四方之学者，或弗克尽读”，不利于后世诸生学习，更不利于阳明学说的完整、系统传承、流布。作为阳明后学的他，为广大师道，于明隆庆六年（1572）搜集了钱德洪所编的传习录、文录、笔录、外集、续编、年谱，王正亿的世德录以及阳明先生门人、友人、朝廷官员撰写的奏折、祭文、行状、墓志铭等资料，整理编纂而成《全书》（浙江版），全书分为 6 类、38 卷，由应天府推官周恪（安徽太平人）、上元县知县林大黼（福建莆田人）、江宁县知县李爵（湖北长阳人）督刻，学界称其为隆庆谢氏刻本。

施邦曜在细读精研《全书》隆庆谢氏刻本时，每每“出王与俱”，虽有“饥以当食，渴以当饮”之感，但却发觉该刻本存在帙卷繁多、篇幅浩大、携带不便、阅读不易等问题，遂发愿要让先师之文献“便储之行笈，时佩服不离”，广为传播布行。于是便将《全书》进行分门别类，

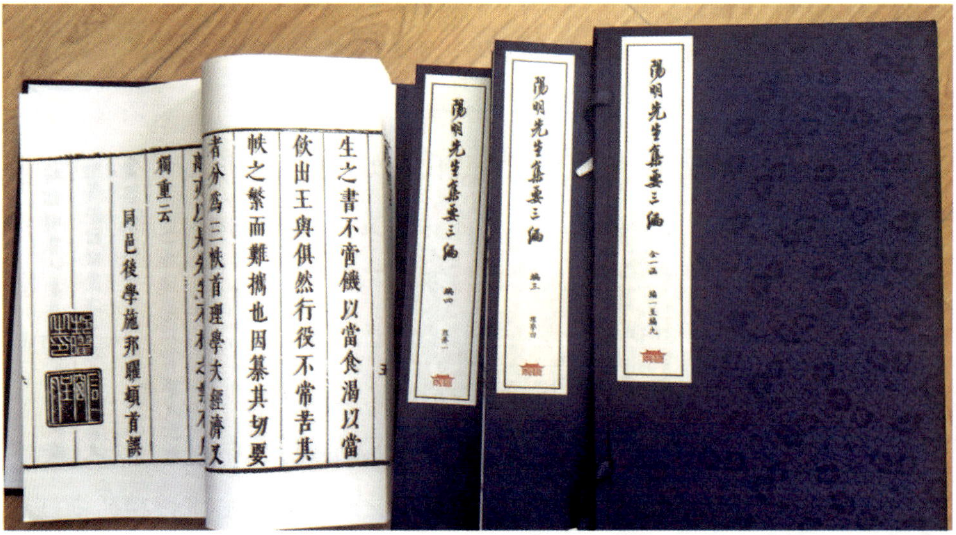

平和县影印的《阳明先生集要（崇祯闽刻本）》

条分缕析，钩深纂要，加以评点批注，评释丹铅，累累贯珠，以理学、文章、经济三分其集，归类整理，数易其稿，汇编成《集要》，共三编十五卷，其中《理学编》四卷介绍阳明的哲学，《经济编》七卷介绍阳明的事功成就，《文章编》四卷介绍阳明的文学成就，还有年谱以及序言、跋等相关内容。

施邦曜在编辑《阳明先生集要》时，并非简单选篇汇集，而是“细按而精择之”，且“必先证明”，同时还撰写大量眉批、尾批、旁注，详加点评阐述，“辄抒数语于端，发挥旁通，指趣闳远，诚儒林之渊诲，学者之指南也”。如在辑编《乞宥言官去权奸以章圣德疏》时，对王阳明疏中所述“今在廷之臣，莫不以此举为非宜，然而莫敢为陛下言者，岂其无忧国爱君之心哉？”施邦曜多有感叹，遂眉批曰：“知而不敢言，固足以见逆瑾之恶，足以慑众心，然何满朝之皆妇人哉，可叹，可叹！”在这篇疏文后面，又以一“刑具自折”的传说展开尾批点评：“愚闻之同乡先辈云：（阳明）先生此疏入，下锦衣狱刑讯，刑具自折。逆瑾闻之，因得不死，仅谪龙场。知天生先生为一代大儒，明道学以正人心，除反侧以定祸乱，即患难中，苍苍者实有以阴骘之，非偶然也。否则，自古之以直谏而得死者岂少哉！”从而以强调“阴骘”来进一步神化阳明先生。这也从一个侧面反映了施邦曜对阳明先生的无比景仰与推崇。诸如此类的眉批、尾批、旁注，在《集要》书中，比比皆是，这对于研究王阳明及其学说而言，具有重要的参考价值。正如后学宗稷辰在《施忠愍公文集〉序》文中所云：“于公之评阳明三要，而知其切于尚贤。”

在辑评《集要》期间，恰逢时任福建按察使的曾樱（1581—1651，字仲寒，江西金坊人，明万历丙辰科进士）奉命到闽南沿海一带征剿海盗，施邦曜便诚邀曾樱对所辑评的《集要》进行参订、校正。曾樱亦是一位阳明后学，他考中进士之后，朝廷给假归乡，居家三年，喜读《全书》，并往吉水拜访辞官在家的阳明后学邹元标，以师礼待之。

无论是《全书》隆庆谢氏刻本的编录者谢廷杰，督刻者周恪、林大黼、李爵，还是《集要》崇祯施氏刻本的辑编者施邦曜、刊刻者王立准，他们都有一个共同身份——阳明后学。正是有了一批又一批阳明后学的不懈努力，才使得一部部嘉惠后世的不朽文献得以持续刊行，流传至今。

四刻于闽浙黔沪

首刻于闽　在施邦曜完成《集要》辑编之际，恰逢浙江临海人王立准担任平和知县。平和县乃阳明先生奏请设立的第一个县，隶属于漳州府。

王立准（生卒不详，字伯绳，别号环应，台州临海人）乃阳明再传弟子王宗沐之孙。执宰和邑三载有余，颇有政声，尤以迁建阳明祠、刻阳明文集为著。《平和县志》称其："至特建王文成公祠，刻其全部文集，极有功名教……士民感其恩德，请附主配享文成祠，立石碑记遗爱，俱坚力辞不受。"

一日，施邦曜将《集要》文稿授梓于王立准，告知："此余所删定《三篇》也。"并强调而言："公之精神在此矣。"王立准接过文稿后，捧而读之，如日月之行天，如河汉之无极。于是，不敢有一丝半毫的懈怠，立马组建刊刻机构，聘请了方达、方明、毛凤、叶泗、刘全、李山、李辰、李寅、汪明、沈正、陈云、陈金、陈煌、郑德、黄宇、黄德等16名专业的木刻人员，在文庙的学正衙设置刊刻场所，从明崇祯七年（1634）秋肇工开刻，经过近一年的紧张而又艰辛的刊刻，终于崇祯八年夏末竣工成书。"书成。奉以藏之（平和）文成祠中。"此即学界所称《集要》崇祯施氏刻本。

在雕版刻书过程中，施邦曜亲自校勘，四次审定，甚至因个别字出错而不惜整版重刻。王立准看到施邦曜"所审定凡再四，如数语稍未惬衷，不惮既梓，悉易只字，必期全美，无难飞檄洊更"的态度与作风，感叹"始知圣贤用心之虚固如此”。施邦曜以言传身教的方法，为部属树立了行为规范。

《集要》崇祯施氏刻本的发行，在当时之漳郡，乃是一桩文化盛事。从林釬（龙溪人，万历丙辰科殿试探花进士）、王志道（漳浦人，万历癸丑科进士）、黄道周（漳浦铜山人，天启壬戌科进士）、颜继祖（龙溪县人，万历己未科进士）等一批漳州籍进士为该书作序便可窥见一斑。林釬在序中言及：“敬阅返照，恍见（阳明）先生之所以示人。”王志道则认为：“是编也，可谓忠于文成，且使吾漳再见紫阳矣。”而黄道周更是在序中赞曰：“今读四明先生所写《集要三篇》，反覆于理学、经济、文章之际，喟然兴叹于伊、孟、朱、陆之相距之远也。”颜继祖亦称赞：“四明施公敏而好学，公余取先生全集而诠次焉，分理学、经济、文章，凡十五卷，付诸杀青，与世共宝，可谓姚江之功臣也，闽南之教主矣。”可见，《集要》崇祯施氏刻本深刻影响阳明学在闽南、在福建的传播、发展。

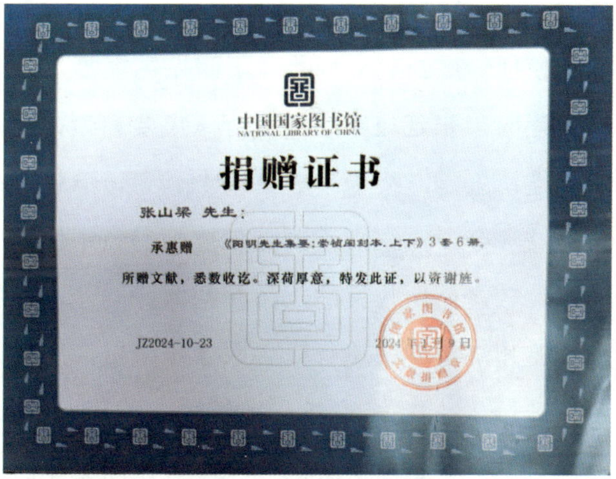

《阳明先生集要（崇祯闽刻本）》被国家图书馆收藏证书

笔者从2016年起开始寻找《集要》崇祯施氏刻本的存世文本，终于在山东师范大学图书馆、国家图书馆善本部找到这部巨作的善本，可惜的是藏于山东师大图书馆的善本老化、破损、脆化比较严重，已不适合查阅。国家图书馆的善本，分为九册，图书收藏管理资料显示：阳明先生集要〔善本〕，十六卷／（明）王守仁撰；（明）施邦曜辑。出版地不详，明崇祯（1628—1644）。索书号为T01511。2018年，福建省平和县有关部门出资影印

500 套，将其化身万千，播惠学林。

再刻于浙 随着明王朝的消亡，《集要》崇祯施氏刻本也难逃“国变版毁”的厄运，藏于平和王文成公祠的木质刻板因此漫漶而毁，不再存世。然天不绝人愿，刻板虽没，但纸质书籍尚有存世，尽管不多，却可以覆刻。

清乾隆年间，鉴于“福建平和之刻板已毁，书籍流传极少”的情况，姚江阳明后学张廷枚、黄璋、徐坤共同商议重新刻板翻雕，使得《集要》之遗献“公诸海内”，在更广的范围内流传。

张廷枚，字唯吉，以“姚江文献”自任。光绪《余姚县志》称：“时，郡人选刻越风，廷枚亦搜访遗逸。”黄璋，字稺圭，号华陔，乾隆二十一年（1756）举人。《余姚县志》称：“乾隆三十七年，诏征天下遗书，浙江设采访局，大吏以璋总之。凡得书数千种，皆考其撰人、爵、里，疏其宗旨，辑总目若干卷进呈。”由此可见，张廷枚、黄璋等人，是有文化情怀的余姚籍官宦士绅，特别善于搜集遗书。或许，正是这样的文化使命感，才驱使他们重新刻板翻雕《阳明先生集要》。

当时，张廷枚家中虽藏有《集要》崇祯施氏刻本，但并不全，历经多时的搜访采购，终于凑成三编十五卷。清乾隆四十九年（1784），张廷枚在蠡城（今浙江绍兴）的街头挑担书商中偶得一套《集要》崇祯施氏刻本善本，较之前所收集的，品相都要好一些，不胜欢喜。便以此为蓝本，请浙江杭州济美堂朱培行以“原本剞劂”，历时八个月时间的刻板刷印，终于清乾隆五十二年成书。张廷枚、黄璋、徐坤三人分别为之作序，详加介绍。这就是被学界称之为《集要》浙刻本。

三刻于黔 初刻于闽的刻板因“国变板毁”，而再刻于浙的刻板则于清嘉庆年间毁于火，咸丰年间再遭兵燹城失，以致“片纸俱无矣”。《集要》善本连遭厄运，世上流传少之又少。

清同治十二年（1873），廷尉许星叔奉命到贵州主持科举考试事宜。

其间，客居贵州数十年之久的幕僚、阳明先生后裔王介臣（生卒不详，字个峰），将家藏的先父玉年老先生的珍贵诗册赠予许星叔。许星叔亦则以家藏的《集要》善本作为回馈相赠。

光绪四年（1878）二月，王介臣将《集要》善本呈给贵州巡抚黎培敬（1826—1882，字开周，号简堂，湖南湘潭人，咸丰十年进士）。黎培敬认为贵州是“阳明迁谪，悟良知良能之地，是阳明之理学实启于黔，为厥后之经济、文章所始基也”。鉴于贵州是阳明心学之发源地，而善本又是阳明先生后裔所提供，黎培敬进一步提出：贵州重新刊刻《集要》，意义非凡，可以收到“传之于天下”的功效。次月，巡抚黎培敬将《集要》一书寄给时任贵州布政使的林肇元（1828—1886，字贞伯，广西贺县人），并附信告知：“个老送来《阳明集要》一书，可于黔中刊行，请商之眉、挚两公何如？其书先送尊处一阅。”

收到善本之后，林肇元花了十天左右的时间，通读全书，十分赞同巡抚黎培敬的意见，当即跟廉访吴眉生、观察曾挚民商洽刊刻之事，决定“动支局款”开刻，并接受“校订之任”，以示隆重。于是，光绪四年（1878）五月开雕刊刻，历时一年有余，于光绪五年（1879）六月蒇工成书。林肇元作序以记其事。刻板藏于贵阳扶风山阳明祠内，保留至今。这就是学界所称《集要》黔南刻本。

四印于沪 1895年，中国甲午战败，签订丧权辱国的《马关条约》，人们纷纷要求变法维新，适应变革呼声的阳明学呈现复兴之势，于是《全书》和《集要》需求大增。光绪三十二年（1906），方芑南、魏藩实以《集要》浙刻本为底本，在上海明明学社铅印出版《阳明先生集要三种》。魏藩实请严复作序，严复欣然同意，序云：“……夫阳明之学，主致良知。而以知行合一，必有事焉，为其功夫之节目……终明之世，至于昭代，常为学者宗师……独阳明之学，简径捷易，高明往往喜之。又谓日本维新数巨公，皆以王学为向导，则于是相与偃尔加崇拜焉。……是则不佞所窃愿为阳明诤友者矣。……世安得如斯人者出，以当今日之世变乎！”《集要》上海铅印本经严复推荐，一时风靡大江南北，不仅被中国学界广为使用，而且还远渡重洋，向说英语的欧美等西方国家传播。

流传域外

张山梁点校《阳明先生集要（崇祯闽刻本）》

《集要》不仅在亚洲儒家文化圈的国家传播，还远渡重洋，向说英语的英美等西方国家传播。1916年，美国学者亨克出版《王阳明的哲学》，也就是《集要·理学篇》的英译本，才使得阳明学著作在欧美等西方国家传播、流布。正如当代美国学者伊莱瑞评价《王阳明的哲学》所言：“首次向说英语的哲学专业学生介绍了最具影响力的中国思想家之一。在亨克博士的著作发表以前，这些学生是否知道王阳明都值得怀疑，哪怕是以最间接的方式。”的确，在此之前，王阳明著作在欧洲和北美鲜有受到关注。从这个意义上说，施邦曜《集要·理学编》借助亨克的翻译之功，促使阳明学在欧洲和北美等域外地区的传播、发展。

光风霁月，馨香千载。尽管时光穿越了数百年，这部经历了首刻于闽、再刻于浙、三刻于黔、四印于沪的鸿篇巨制，依然闪烁着心学思想的光芒，照亮世人前行之路……

光风霁月自传神

——新时代漳州阳明学传承发展综述

明正德十一年（1516）九月，王阳明履新都察院左佥都御史，巡抚南、赣、汀、漳等处，并于次年正月十六日莅赣扶疾开府上任，正式巡抚包括漳州在内的“八府一州”，历经四年多的事上磨炼，直到正德十六年六月，他因功提任为南京兵部尚书，才结束了巡抚漳州等地的使命。在此期间，王阳明曾亲率精兵入漳平乱，奏请设立平和县，建立学校移风易俗，对漳州地区产生深远影响。诚如中国明史学会会长陈支平教授所评：“王阳明及其阳明之学，是继南宋朱熹及其朱子学之后，对闽南文化的形成和发展产生了重大作用的核心元素之一。换言之，朱子学和阳明学，已经演化成闽南文化的一个重要思想源泉和组成部分。”

自宋以降，漳州就是朱子学重地，但这并不意味阳明学在漳州地区湮没无闻。完全有理由说，阳明学在漳州地区始终得到一定程度传承、发展，甚至一度成为社会主流意识。究其原因，除了王阳明本人在巡抚南赣期间的平乱、施政、教化之外，还得益于一大批莅漳任职或贬谪到漳的阳明门人、后学，以及漳籍士绅远赴他乡师从阳明弟子，学成返漳，在漳州地区传播“良知之学”，使得阳明学得以冲破朱学藩篱的万重阻隔，传播四方，发扬光大，泽被后世。特别是明代中后期，“姚江之学”传遍漳郡，风靡八闽，成为“闽中王门”的中心，对阳明学在福建的传承发展做出积极贡献，实属毋庸置疑。

新时代的漳州阳明学人着力弘扬阳明文化的时代价值，使得漳州阳明学的传承发展方兴未艾，平台建设有新效，人才队伍添新兵，研讨交流拓新域，漳州阳明地域文化的探索研究、传播发展始终充满活力，引起阳明学界的关注。

举办学术研讨会

2018 年至 2023 年期间，五场学术活动先后在平和、漳州市区举办，推动了漳州阳明学的传承与发展，使得漳州阳明文化活动效果溢出，收到了良好的社会效益。

一是“王阳明与平和”学术座谈会 2018 年 5 月 31 日—6 月 1 日，由北京三智文化书院、平和县社科联、平和县政协文史委、中国文化院主办的“‘王阳明与平和’学术座谈会”在平和县召开。来自京、浙、赣、粤等地近 50 名专家学者参会，这是漳州市首次举办的阳明学术研讨活动。

在“王阳明与平和”学术座谈会上，举行《王阳明读本——“三字经”解读本》首发式

会上，闽、浙、赣、粤四地的8位专家学者发言，梳理和分享了阳明与平和地方历史文化的关系与价值、王阳明军事思想等内容。

在此期间，还举办了平和作家张山梁著作《王阳明读本——“三字经”解读本》首发式，向福建上杭、江西崇义、广东和平等王阳明行经地代表赠书。

二是首届海峡两岸（福建平和）阳明心学峰会 2018年10月9日，正值第十四届平和蜜柚节举办期间，由中国文化院、中华社会文化发展基金会、天地文化基金会、北京三智文化书院主办，漳州市委宣传部、平和县委县政府联合承办的“首届海峡两岸（福建平和）阳明心学峰会”在平和县举办。来自美国、新加坡等国家以及京、沪、黔、台等地的数十位专家学者与会，收到论文33篇。会上，来自国内外的30多位专家、学者轮番上台进行精彩演讲，畅谈阳明文化，高论心学精要，给平和带来了前所未有的文化盛宴。峰会还以学术研讨的形式，探讨“万物一体之仁”“圣人创县与社会治理”“知行合一”等命题，为海峡两岸和平发展、乡村振兴战略以及社会治理、平和发展提供了智慧支撑和动力源泉。这是新中国成立以来，平和县举办的规模最大、级别最高的学术活动。

三是阳明学与闽南文化学术研讨会 2019年6月29日，由朱子学会、福建省闽南文化研究会、厦门大学国学院、闽南师范大学闽南文化研究院联合主办的“阳明学与闽南文化学术研讨会”在福建漳州举办。来自韩国、日本等地的海外学者，以及浙、赣、黔、鲁等省的40多家高校科研机构及相关企事业单位的100多位专家学者与会，收到论文36篇。在此期间，成立朱子学会阳明学专业委员会为朱子学会的内设机构。

韩国成均馆大学、韩国阳明学会、日本福冈国际大学、中国军事科学院、朱子学会、浙江省社科院以及各地专家学者围绕“阳明学与闽南文化”主题，从多维度进行大会发言。

四是阳明学在福建学术研讨会 2020年8月29日，由福建省政协文

阳明学在福建学术研讨会现场

化文史和学习委员会指导，朱子学会、福建省闽南文化研究会主办的“阳明学在福建学术研讨会”在福建漳州召开，省内外70多名嘉宾学者齐聚一堂，共襄学术盛宴，共谋发展未来。会上，国内著名阳明学者吴光研究员、井冈山大学李伏明教授、武夷学院张品端教授以及平和县张山梁四位专家学者作主旨发言。

会上，与会学者紧扣“阳明学与福建”的主题，从经济发展、地域文化融合、人文思想、社会治理以及历史、哲学等学科角度，交流分享各自独特的见解，深入挖掘、探讨阳明学对闽南乃至福建的深刻影响及其时代价值、现实意义。

其间，福建省闽南文化研究会、中共平和县委宣传部还分别向福建省政协文化文史和学习委员会、浙江省社科院哲学所、江苏省社科院哲学与文化所、武汉大学中国传统文化研究中心等8个单位赠送《阳明先生集要》（崇祯刻本）影印本及《闽南传统民俗文化》。

五是第三届阳明学在福建（漳州）论坛 2023年8月12日，由漳州市委宣传部、漳州市文旅局指导，福建省闽南文化研究会、平和县委宣传部、平和县文体旅局主办，闽南师范大学闽南文化研究院、中国朱子学会阳明学专业委员会、福建省闽南文化研究会阳明学专业委员会、漳州市闽南文化研究会承办的“第三届阳明学在福建（漳州）论坛”在漳州宾馆举行，收到来自全国13个省（自治区）的50多篇论文。专家学者们在大会上围绕阳明学与福建、与闽南、与漳州的关系交流发言、分组研讨，从不同角度畅谈阳明文化的时代价值，阐述福建阳明地域文化的特点，进一步领会继承、弘扬中华优秀传统文化必须与马克思主义唯物史观相结合的论断，坚持古为今用，在传承发展中汲取中华优秀传统文化的精华。

建设阳明文化传播设施

为了让王阳明以直观、立体形象走进普罗大众的视野，漳州、平和等阳明行经地，通过建设阳明文化展示场所、阳明公园、立像等不同形式，礼敬阳明先生，传承阳明文化。

一是四贤堂　四贤堂位于漳州古城的文庙正对门，为纪念朱熹、陈淳、王阳明、黄道周四位先贤圣哲而建，其中王阳明版面着重介绍了王阳明与福建、漳州的关系。

二是阳明公园　投资8000多万元、占地160多亩的阳明公园，位于平和县城的花山溪畔，于2015年建成，并向公众开放。“阳明公园”四字系从王阳明书法字帖中集字临摹，阴刻于石头之上。2018年，一尊以“知行合一”为主题、高8.8米的王阳明立姿雕像在阳明公园东南角树立。王阳明雕像背靠层林尽染的连绵青山，凝目远眺繁华热闹的县城区，下颚微微上扬，右手握“心学”卷书，象征“知”；左手微抬挥行，隐喻“行”。雕像底座正面镌刻“知行合一”，后面镌刻阳明先生生平简介，雕像左、右两侧的弧形纪念墙，分别镌刻《添设清平县治疏》《再议平和县治疏》，再现了王阳明奏请立县的全部思想，让人们感受阳明精神……

三是阳明文化展示场所　2019年，山格镇在福建省闽南文化研究会、朱子学会阳明学专业委员会以及平和县委县政府的支持下，投资近百万元，在隆庆村建成全省第一家集展览、研学、教育为一体的阳明文化展示场所——王阳明生平事迹陈列馆。2021年，县纪委将其提升扩建为王阳明廉政文化教育中心。2022年，九峰镇利用中湖祠的场所，兴建王阳明文化长廊。

整理阳明文献与出版著述

一是整理点校两部文献 明代中后期，漳州就是阳明学文献刊刻的重要基地。如嘉靖年间，陈九川在镇海卫编辑、聂豹在福州刊刻《传习录》（6卷）；崇祯年间，漳州知府施邦曜编辑、平和知县王立准在平和刊刻《阳明先生集要》。这些文献“嘉惠后世”。2018年，平和县严格按照古籍原样，将珍藏于国家图书馆善本部的《阳明先生集要》（崇祯施氏刻本）影印500套。据悉《阳明先生集要》有三个刻本，分别是明崇祯年间刻于闽、清乾隆年间刻于浙、清光绪年间刻于黔，而最早的《阳明先生集要》（崇祯施氏刻本）现仅存2部，分别藏于国家图书馆、山东师范大学图书馆。2023年，张山梁点校的《阳明先生集要（崇祯闽刻本）》由黑龙江人民出版社出版，是国家社科基金项目“明清时期王阳明传记资料整理与研究”的阶段性成果，并获得2022年度福建省宣传文化事业发展专项资金支持。2021年，张山梁、张宏敏合作点校整理李贽的《阳明先生道学钞》，是国家社科基金项目“清代阳明学文献整理与思想演变研究”的阶段性成果，由厦门大学出版社出版。据悉，《阳明先生道学钞》是明代泉州籍阳明后学、思想家李贽晚年在山东济宁以《王文公全书》为蓝本抄录辑编而成的一部阳明心学古籍，至今流传已有四百多年。

二是出版五部著述 2016年，平和县张山梁的《心灯点亮平和》，由中国文史出版社出版，浙江国际阳明学研究中心主任、著名阳明学者钱明认为：《心灯点亮平和》是福建省县域阳明学研究的首部论著，揭示了王阳明与平和的关系，拉开了“闽中王门”的帷幕，呈现了一幅中国地域文化中多姿多彩的历史画卷。2018年，张山梁的《王阳明读本——“三字经”解读本》由福建人民出版社出版，该书荣获全国古籍出版社年度百佳图书（2018年）普及读物奖，列为全国中小学图书馆推荐书目，被国家图书馆收藏。2018年，平和县政协文史委员会编写的《王阳明与平和》，由中国文史出版社出版。2020年，张山梁的《一路心灯》由福建人民出版社出版，全国政协常委、中国作协副主席、著名文化学者白庚胜为该书题诗一首，曰：“心性如日月，才思比阳明；文辞皆秀美，活水江河清。暗夜心灯照，悠然丝路行；知音得意会，品味信怡情。”2022年，张山梁的《闽中王学研究》由厦门大学出版社出版，中国明史学会会长陈支平在序言中称赞：“关于王阳明历史文化的研究成果，至少在福建省内，可谓出类拔萃！”

平和阳明文化爱好者莅会学习观摩

学术成就与平台建设

一是理论阐述 2020年，通过对王门学者仕宦福建、阳明书籍在闽传播、闽南文化心学因子三方面的分析考究，林晓峰、张山梁在首届阳明学在福建学术研讨会上，首次提出“阳明学深刻影响福建地域文化”的论断，并在《福建日报》《闽南日报》上发文阐述新观点，得到学界的认可。

二是论文发表 据浙江省社科院编纂的2018—2021年度《阳明学研究报告》统计：近4年来，国内公开出版阳明学文献类书籍有54部，其中福建省2部（漳州1部、莆田1部）；阳明学著作（含论文集）有118部，其中福建省4部（省政协1部、漳州2部、南平1部）；发表论文有1174篇，其中福建省43篇（福州9篇、厦门4篇、漳州21篇、泉州4篇、龙岩2篇、南平3篇）。无论是文献整理、著述出版，还是论文发表，漳州市的数量均占据福建省大部分，与明代中后期以漳州为闽中阳明学传播中心的格局相呼应。

三是平台建设 2019年6月，中国朱子学会阳明学专业委员会在漳州成立，成为朱子学会的内设机构；2020年6月，漳州职业技术学院成立王阳明（文化）研究中心；2022年10月，福建省闽南文化研究会阳明学专业委员会在漳州成立。

“碧水苍山俱过化，光风霁月自传神。”如今，阳明过化的漳郡大地，正遵循“坚持把马克思主义基本原理同中国具体实际相结合、同中华优秀传统文化相结合”的指导方针，赓续儒家文化传统，推动阳明文化的创造性转化、创新性发展，漳州千年古城正续写阳明心学的时代新章。

平和县王阳明文化展示中心

山水总怜南国好

——第三届阳明学在福建（漳州）论坛综述

经有关部门批准同意，2023 年 8 月 11 日—13 日，由中共漳州市委宣传部、漳州市文旅局指导，福建省闽南文化研究会、平和县委宣传部、平和县文体旅局主办，闽南师范大学闽南文化研究院、中国朱子学会阳明学专业委员会、福建省闽南文化研究会阳明学专业委员会、漳州市闽南文化研究会承办的“第三届阳明学在福建（漳州）论坛”在漳州举办。来自浙、赣、粤、黔、桂、皖、鲁、滇、陕等 10 多个省（自治区）高校、学术机构，以及中国人民解放军军事科学院的专家、学者，共 120 多人参会。中共漳州市委常委、宣传部部长、统战部部长吴卫红，福建省闽南文化研究会会长林晓峰，闽南师范大学副校长张龙海，厦门大学国学院院长、中国朱子学会常务副会长、中国明史学会会长陈支平教授，中国人民解放军军事科学院战争研究院研究员、博士生导师王珏大校等领导和嘉宾出席论坛开幕式。论坛共征集论文 53 篇，主要涉及“阳明学在福建”“阳明学研究”“阳明学与地域文化”三个方面。

开幕式上，漳州市委常委吴卫红、闽南师范大学副校长张龙海、厦门大学教授陈支平、平和县县长黄永健等人先后致辞。陈支平教授认为：王阳明在南赣巡抚任上的政教实践以及由此所延续下来的阳明文化，是中华优秀传统文化的重要组成部分，其蕴含的家国情怀、人文理念、教化观念，反映和塑造了明代以降中国人的某些道德价值追求，是中华民族基本的文化基因之一，为当今社会发展和文化振兴，提供了良好的参考借鉴价值。要用马克思主义立场观点方法激活阳明文化，培育人文精神和时代精神，大力弘扬社会主义核心价值观，才能让阳明文化与时俱进，让中国特色更加鲜明。福建省闽南文化研究会会长林晓峰结合论坛主题作《地域文化视域下的福建阳明学与闽南文化》专题报告，认为：阳明学在福建具有传播早、联系广、贡献大等特点，进一步梳理了新时代阳明学在福建的四个传承方式。他提出了“阳明学雨露润泽福建大地、丰富发展闽南文化、推动漳州月港开埠、福建阳明学传播看漳州”等新论断，阐释了活泼泼的阳明学与开放包容的闽南文化之间关系。

历经三年筹备，其间反复多次，论坛最终如期举办，并且逐渐成为具有福建地域特色的阳明文化品牌、学术平台。由此将阳明学与漳州密切结合在一起，构筑起阳明学“在地化”发展的新局面。论坛具有以下三个特点：

一是嘉宾云集漳州，以此串线形成的主旨发言格式，体现漳州得到阳明学界的关注。论坛既有来自阳明先生行经地的 10 多个省（自治区）的高校、学术机构，也有来自省内各地的专家、学者，更获得来自不同学科领域、社会行业人士的支持，凸显了“阳明学”与地方、与福建、与整个中国之间的关联性，俨然展现了阳明学研究的天下布局。来自阳明先生出生地浙江，求学地北京，悟道地贵州，事功地福建、江西、广西的 6 位学者，以其生平为序安排主旨发言，体现漳州在国内阳明学界的一席之地，担纲福建阳明地域文化的学术中心，彰显了漳州文化自信。

浙江省社会科学院研究员张宏敏分享了当今阳明学研究的最新进展，他认为：2022 年是王阳明 550 周年诞辰，与王阳明行迹地有关的政界、学界、出版界通力合作，通过策划阳明学研究丛书、影印阳明学文献、编校王阳明诗歌、主编阳明学论文集等多种方式，在各个层面推进了阳明学研究的深度和广度，极大地扩大了王阳明与阳明学在各个领域的影响。

中国人民解放军军事科学院战争研究院研究员王珏对王学得失的议论进行阐发，他认为：当人们翻开王学典籍之际，历史感与现实感涌上心头，王学智慧之光如此真切地照亮刻下的世界。又遭逢某种机缘，王学一下子“火”起来，人人争说，处处开花。王学是儒家思想发展到特定历史阶段的产物，活在当下的人们正在面对王学没有解决的问题，更多的是王学边界以外的新现实。

贵州大学副教授张明认为：贵州文明书院是元、明时期贵州最著名的书院。王阳明贬谪龙场期间，曾多次应两任贵州提学副史毛科、席书的邀请，到贵阳文明书院讲学，并始论“知行合一”。由此而言，贵州文明书院成为天下王门传播“知行合一”思想的第一个讲坛。

江西井冈山大学教授李伏明在分析朱子的天理与王阳明的良知时，认为：福建是朱子学的根据地，阳明学在福建的传播必须直面朱子学。福建的自然和人文地理条件决定了人们面临巨大的不确定性，寻找确定性是福建思想文化的追求，这在相当程度上决定了阳明学在福建的命运。严酷生存环境条件使得王阳明的亲民爱民、勇于担当的精神对福建士民具有极大的吸引力，也使得王阳明受到广泛的尊重和敬仰，阳明学得以传播。在新的历史条件下，追求真理，寻找确定性依然意义重大，尤其必须弘扬王阳明亲民爱民、勇于担当的精神，实现中华民族伟大复兴。

广西文物保护与考古研究所李光亮认为：王阳明人生经历中的最后一程，即在梧州任职两广总督处理广西事务。通过梳理王阳明在梧州的翔实历史事迹，可以看到王阳明来梧州任职两广总督前后的思想发展，实现了心学南播、由凡成圣。

中国朱子学会阳明学专业委员会副主任兼秘书长、平和县委宣传部副部长张山梁提出“朱王会通”是福建阳明学的基本特征的论断，他认为：作为朱子学重地的福建，并非一味排斥阳明学，而是以“共融互容”之举措，助推“朱王会通”之势，从而形成具有福建特色的阳明学。从朱熹、王阳明在治理管控漳郡相近理念的会通，到一大批莅闽履职的阳明门人、后学兼顾朱学的会通，再到黄道周等众多闽籍学人共通互容学风的会通，有理由说，“朱王会通”是福建阳明学有别于其他地方的地域文化特色之一。

二是扣紧论坛主题，阐发有关“阳明学在福建”的新观点、新论断，凸显福建阳明学的地域特色。53篇论文中，涉及“阳明学与福建”的论文21篇，占到四成，数量为历次论坛、研讨会之最，也是近几年在福建举办各类阳明文化论坛、研讨会中最多的一次。既有将阳明学与地方相结合的案例研究，也有突出“朱王会通”的比较思想研究，不少新观点为福建阳明学研究打开新视角。

宁波大学邹建锋副教授在论述“福建区域捐资刊刻王阳明稀见版本考”时指出：梳理福建区域刊刻的王阳明各种文献版本，有助于推进学界对福建地区阳明学文献与思想传播的了解，还原被忽视的历史真相。他还强调施邦曜在漳辑刊的《阳明先生集要》中《传习录》文本，对于汇校王阳明《传习录》具有重要版本价值。武夷学院王志阳教授通过对《王守仁的传说》《王守仁建平和县》两则新发现的王阳明在漳州行迹的民间传说的挖掘、研究，认为一些民间传说为人们提供了王阳明在平和的民间形象，有助于深入研究王阳明在平和县民间社会的影响力。龙岩市委党校俞如先教授通过对国家图书馆馆藏的《剡溪王氏宗谱》的挖掘，发现阳明先生曾经莅临宁化邑境的行迹史料，有助于提升宁化客家祖地的文化影响力。闽南师范大学张小琴教授阐述了“闽地阳明后学性灵文学观的形成与发展”，指出：王阳明性灵文学观影响了闽地阳明后学郑善夫、李贽以及现代性灵文学大师林语堂等人的诗文审美追求，使闽地阳明后学一脉的文学书写逐渐呈现性灵、闲适与幽默的风格特征，推动了福建文学的繁荣与发展。而闽江学院邹自振教授、泉州经贸职业技术学院叶茂樟教授、南安市李贽研究会王国钧会长、闽南师范大学尹秋月博士则从不同维度对闽籍阳明后学李贽的生平、文献编辑、文化地位、戏曲评论等多个方面进行阐述，让人们看到更为丰满的李贽形象。地方文史工作者王英、石江林则从王阳明行经长汀、平和的史实，认为阳明文化深刻影响两地的文化思想……总之，阳明学在福建的社会实践，契合当下“朱王会通”、国学思想框架建构的要求，亦符合当下为推动“中国文化走出去”而构建、夯实思想基础的基本要求。

论坛上，举行了《闽中王学研究》首发式，展示了点校出版的李贽《阳明先生道学钞》、影印的《阳明先生集要》（崇祯闽刻本）等一系列与福建相关的阳明文献整理成果，说明福建阳明学人经历了一段砥砺前行、不断创新的过程，让学界体验到如今整个社会在“主动地”研究阳明思想的同时，也逐渐地走向以统一性的理念、组织、行动为标志的“从主动到共动”的行动纲领。

漳州城市职业学院郑晨寅教授认为：从《榕坛问业》中关于《传习录》的讨论，可见当时阳明学的主要思潮及黄道周的取舍态度。闽江学院教授吴文南提到的“王阳明福建诗歌与英译研究”，认为，阳明先生在福建留下的诗歌、散文，有助于人们了解阳明先生在福建的事功，并为研究其内心世界提供了可靠的依据，而对其进行英译，更是开拓了王阳明诗歌外传的渠道，成为阳明心学传播的一个重要部分。这是阳明学发展的一个新方向、新领域，值得我们关注。

三是拓展延伸研究视域，体现了福建阳明学与其他领域、地域的关联性。53 篇论文，作者既有前辈学人陈支平教授、吴光教授、邹自振教授，也有一批活跃在学术第一线的青年才俊；内容既出现了哲学、历史学、文献学的研究，也出现了语言学、教育学、文学的多样化视角。

著名阳明学者、浙江社会科学院吴光研究员简要梳理了王阳明生平，概述阳明学的理论结构和基本精神，认为阳明学并不是僵死的学问，而是具有强大生命力和实践意义的鲜活文化。厦门大学吴光辉教授在论述阳明学“合一论”的内在架构时，指出王阳明通过“万物一体论”来表述其社会思想的极致，令自身的学说得以一元化地不断深化。王阳明的思想可以借助“主客合一、知行合一、天人合一”的范畴而确定为“合一论”的内在架构。赣南师范大学李晓方教授梳理了“王阳明南赣奏设和平县的历史过程”，将其与王阳明的研究落实到地方史的构建之中，进一步丰富了地方史研究的“传奇色彩”。福建江夏学院徐涓教授提出的“王阳明童蒙教育思想及其现代价值”，重点指向当下中国义务教育的根本问题，提示了阳明学思想的现代启示，具有极具震撼的警示意义。而闽南师范大学吕贤平教授则是从《儒林外史》的创作看阳明心学对小说创作的影响……这对把握阳明学思想精髓，拓展阳明学思想射程，扩充阳明学思想价值，以及传承发展阳明文化提供了一些新启发。

一部分研究提到阳明思想在关中、在南宁、在梧州、在中都的传承发展，昭示着阳明思想研究走在一条“在福建、在中国、在世界”的道路，展现出这一研究的广阔前景。

西北政法大学副教授俞秀玲通过对明代重要的关学学者南大吉的思想转型的考察，认为南大吉回乡后致力于阳明学的传播，关学因此而增加了与心学的贯通，为关学的中兴和心学化起到了重要作用。南宁孔庙博物馆副馆长张伟、广西王阳明研究会会长王梅林以两方明清时期王文成公敷文书院重修碑记为中心，在对碑记进行墨拓、参阅方志材料的基础上，校订碑文内容，考析南宁敷文书院因革形制，认为清康熙二十三年（1684）的重修敷文书院碑记未在历代志书中载录，属新发现，具有重要的文物及研究价值。梳理碑文，不仅可管窥明清时期阳明学逐步得到认可和官方接续扶植的历史片段，也对研究岭南地区阳明学有一定参鉴意义。安徽省滁州市政协文史委原主任张祥林对王阳明中都之行进行考议，他认为，中都之行为王阳明进入一个新境界，导引了一段跌宕的契机，这一段经历，值得进一步探讨。

论坛的成功举办，提升了漳州文化的知名度和自信心，进一步确定了漳州是福建阳明学的研究、传播中心。漳州是王阳明的经略、过化、存神之地。明正德十二年（1517）正月，王阳明巡抚南赣汀漳等处，直到正德十六年六月升任南京兵部尚书，结束其巡抚漳州等地四年多的任期。其间，王阳明率兵入漳平乱，推行十家牌法，靖寇维序，取得了巡抚南赣的首战胜利。之后，两度上疏奏设平和县，制定乡约、安民治贼，大兴社学、教化民俗，让“县治僻在一隅……地里遥远，政教不及，小民罔知法度”的盗贼强梁之区，变成“百年之盗可散，数邑之民可安”的礼义冠裳之地，对漳州特别是平和县产生深远影响。正是有如此机缘，2018 年，王阳明所奏设的第一个县——平和县，先后举行了王阳明与平和学术座谈会、首届海峡两岸（福建平和）阳明心学高峰论坛，收到论文 40 多篇，有美国、新加坡以及中国台湾地区的专家学者参加。紧接着，“阳明学与闽南文化学术研讨会”“阳明学在福建学术研讨会”在漳州市区举办，提出“阳明学在福建”这一活动主题、文化品牌，尽管没有冠以届名，但本次论坛是前两次活动的继续。论坛期间，贵州大学、赣南师范大学、宁波财经学院的阳明学研习基地在平和县王阳明文化展示中心揭牌，进一步密切了漳州与全国各地阳明学界的联系，为持续构建漳州阳明地域文化打下了良好基础。

也提戎马入汀漳

——地域文化视域下的福建阳明学与闽南文化

近年来，在国家大力提倡文化自信并将中华传统文化作为“独特战略资源”的背景下，王阳明及其心学深受学术界和社会各界的普遍重视，并成为中华优秀传统文化研究中的一大“显学”。福建作为朱子学重镇，近年来，在阳明地域文化的挖掘、传承、弘扬等方面，拓展研讨新领域，展现学术新成果，使得新时代福建阳明地域文化的探索研究、传播发展充满活力，引发学界的关注。

阳明学在福建的特点

王阳明一生“两次半”入闽，与福建结缘；加上其门人、后学、亲裔入闽，使得阳明学在福建具有传播早、联系广、贡献大三个特点。

“将略平生非所长，也提戎马入汀漳。”正德十二年（1517），王阳明率兵入闽平乱，经过今长汀、上杭、平和等地，始终“遑遑然不忘讲学”，以军中讲学、随地教化的方式，传播心学思想。在巡抚汀、漳二府的四年多期间，其推广的治理举措、阐发的心学思想，直接影响着汀、漳两地的政治、经济、文化。这也是王学思想在汀、漳最直接而又最有效的传播途径。同时，马明衡、郑善夫、林以吉等一大批闽籍阳明亲传弟子，借助乡梓儒学、书院、义学等场所讲学授课，传播阳明心学，布施传道，开启心钥。如阳明门人连城人童世坚归隐故里，结庐讲学，使得闽中王学影响逐渐扩大。

还有陈九川、邹守益、刘邦采等众多非闽籍阳明门人、后学或莅闽履职，或谪戍、游学至闽，始终不忘在闽地聚众讲学，推广传播阳明学，化民成俗，给当时的福建带来一股清新的学风，极大推动阳明学在闽地的传播。

地缘文化的相互渗透是文化圈形成的重要因素。漳州与潮汕比邻，两地关系密切，人员来往、货物交易频繁。同样，汀州与赣州相接，关系不浅。而潮汕、赣州两地都是王学重地，形成了对福建南北包围之势，不断影响福建阳明学发展。如漳州的林成纲、林一新、张时翀等学子均受学于潮州的薛侃。这样，在福建除了拥有20多名阳明亲传弟子之外，还有诸多的阳明二传、三传后学。

“山城经月驻旌戈，亦复幽寻到薜萝。”王阳明一生行经闽、赣、粤、桂、黔，游历讲学遍天下，结识众多人物，其中不乏闽人。11岁的王阳明随父寓居京师百官宅，与时任刑部陕西司主事的莆田人林俊比邻而居，成为其认识的第一位福建人，二人成为忘年之交。他驻节上杭时，曾邀请同僚旧友、上杭人梁乔相会于南泉庵，饮酒唱和作诗，留下《回军上杭》一诗；巡抚南赣期间，龙海人李增担任广东会昌知县，成为其得力部将，屡建奇功。

除了王阳明亲履闽地之外，其诸多门生、后学、亲裔入闽，也是阳明学在闽地发展的重要原因。蔡宗兖、邹守益、何春、黄弘纲等20多名阳明弟子莅闽工作生活，除了在闽传播阳明心学之外，更多的是为福建的建设、发展倾注了心血，留下了为民众所称赞的功绩。如阳明弟子黄直任漳州府推官期间，励精民事、狱吏甚严，废淫祠、葺桥梁，兴教育、化民俗；弟子刘阳官拜福建道御史，侃侃持风裁，善为百姓排忧解难，乡人仰慕服敬。还有李材、王时槐、徐用检、许孚远、筥继良、葛寅亮等不下百人之多的阳明后学入闽，多有政绩闻名，载入史册。如再传弟子黄元恭于嘉靖二十九年（1550）任漳州府通判，沉静寡欲，政简民安；再传弟子徐阶任延平府推官，“毁淫祠，创社学……俗翕然变”。后学施邦曜治漳，平海盗刘香，创建万松关，编辑阳明著作，被誉为“后王文成”。此外，阳明后裔入闽仕宦，政声隆誉。如五世孙王孙枢于清顺治十八年至康熙元年（1661—1662）权任平和知县，“革旧习，行新政，有数典不忘焉。重修学宫，有碑记”。六世孙王复礼于清康熙四十七年（1708）入闽主持鳌峰书院，继而寓居武夷，修纂《武夷九曲志》、移建文成公祠、筑建武夷山庄。八世孙王裕瑸于清雍正九年（1731）任长泰知县，“洁清自好，庄重不佻，深沉有器识”，“及其为政也，剖曲直，神摘发，条分缕析，一丝不乱”，民勒去思碑。

“莫倚谋功为上策，还须内治是先声。”明正德十二年（1517），王阳明受命巡抚南赣汀漳等处，打响他建立功业的第一仗——漳南战役，历时两个多月的征战，肃清了盘踞在闽粤交界山区数十年之久的山民暴乱，使得曾经“远离县治，政教不及，小民罔知法度”的穷乡僻壤，变成“百年之盗可散，数邑之民可安”的美好家园。平乱之后，王阳明抽丝剥茧地分析了闽粤交界的漳南地区民众落草为寇、社会动荡不安的根本原因，提出“析划里图，添设新县”的思路，探索了“添设县治，以控制贼巢”的长治久安之策，两度上疏奏请朝廷添设“平和县”。从此，昔日“盗薮”化外之地，成为今天“冠裳”有序之区。

闽地士子文人在与浙、赣、粤王门学者的交往中，接受王学熏陶，加上众多阳明门人、后学莅闽传播，使得“大江东西以《传习录》相授受，豪杰之士翕然顾化，漳士亦有舍旧闻而好为新论者”。如漳州籍理学家薛士彦师从盱江罗汝芳，成为阳明四传弟子，而“一代完人”黄道周早年师从薛士彦，使得阳明学在漳郡绵绵相传。

福建不仅是阳明学文献刊刻的重地，闽籍阳明后学也多有编辑阳明著述。如余姚知县泉州人丘养浩将王阳明被贬谪贵州龙场期间的诗文汇编成《居夷集》，刻于余姚。《居夷集》是现存最早的阳明先生诗文集，刻于阳明先生生前，可谓难得。明万历二十八年（1600），李贽被逐麻城而抵济宁，终日闭户读书，抄录《王文公全书》一书，完成了一部“嘉惠后世之君子”之大作——《阳明先生道学钞》的编撰，此书流传400多年，卒成今日不朽之文献。

闽南是福建阳明学的传播高地

闽南是王阳明及其思想的践履地。南靖、平和等地是其推行“十家牌法”“选练民兵”等社会治理的第一地，也是其建立功业第一地，更是“明德亲民”为政思想的践履地。同时，平和是其奏立的第一个县，并由此而萌发“破山中贼易，破心中贼难”的理念。这些亲身践履，促进阳明学说的发展、完善。

闽南是福建阳明学传播的中心。明中后期，一大批阳明门人及其后学来到闽南地区，高扬“王学”旗帜，以官府的公权力介入，讲授其间，将“姚江之学”传遍闽南；一大批闽南籍学子问学“王门”，学成归梓，办学堂、招门徒，使阳明学扎根闽南，尤以漳郡为最，风靡八闽，成为“闽中王门”的中心，推进了阳明学的持续发展。特别是在明崇祯年间，施邦曜、黄道周等阳明后学在漳州地区再度掀起“阳明热”，成为“闽中王门”弘扬、传承、发展的一个重要节点，对阳明学在福建的传承发展做出积极贡献。即使在当下，闽南地区依然是福建阳明学发展的重地。

闽南人李贽是福建阳明后学的旗帜。生长于闽南的李贽，学宗泰州学派，继承发展了王阳明“良知说”，阐发人的主体精神，提出“童心说”的自由观念，高扬人的主体精神，强调个体的独立人格和人生价值，具有鲜明自由、率真、民主、实用的特征，进一步丰富、发展了阳明学。李贽正是基于弘扬、继承、发展阳明学，阐发富于自由精神的思想、言论，而成为晚明思想启蒙的重要旗手和一代思想文化巨人，深刻影响着晚清思想解放运动、五四新文化运动，以及日本明治维新。

阳明学丰富闽南文化内涵

众所周知，阳明学突出人的主观能动性，引导人们冲破桎梏，促进人们在思想解放和自我意识的觉醒，始终散发着思想解放的气息、蕴含着思想解放的基因，这与闽南人所推崇的自由解放的思想、敢拼会赢的性格，形成一定的契合点，也进一步丰富发展了闽南文化的内涵。

王阳明强调致良知的最紧要下手处，就是在事事物物上去实践、去做工夫。因为儒家是一个身心实用之学，或者叫身心性命之学，是实学。实学就一定要去做工夫，从致良知出发，自我革命，让我们回到人的本位、本质，强调的是个性发展、人人平等、不安现状等等，这些理念的张扬，无疑促进了闽南人敢想敢干、敢冲敢闯、敢拼敢赢之拼搏精神的形成。

王阳明认为“士以修治，农以具养，工以利器，商以通货，各就其资之所近，力之所及者而业焉，以求尽其心。其归要在于有益于生人之道，则一而已”，改变了将“从事工商业者视为贱民”的传统观念，进而提出“四民异业而同道”的观点，认为“商”与“士”是异业而同途，均属崇高之业。而李贽更是在社会价值导向上，批评重农抑商的观点，赞扬商贾功绩，成为晚明资本主义萌芽的思想启蒙者。王阳明、李贽高扬商贾功绩的理念，促进闽南文化“重义求利、推崇商贸、追逐高利、互惠共赢”精神的形成。

阳明学特别是李贽“童心说”文学观以及“性灵”文字观，对林语堂的文学观产生很大影响。林语堂在20世纪30年代大力推崇晚明“公安派”文学作品，高举袁宏道“独抒性灵，不拘格套”的“性灵说”大旗，书写崇尚个性自由和非功利艺术主张的作品，体现“幽默”“性灵”“闲适”的独特文学风格。

阳明学既丰富发展了闽南文化，又推动了闽南经济社会发展。明中后期，东南沿海的出现了一批“亦商亦盗”的私人海上贸易集团，大多是漳、泉两地人，既被政府视为寇盗，又以其经商才能和武装实力驾驶着帆船横行于东方的海上，与欧洲殖民者为争夺东方海上贸易控制权展开了激烈的竞争和角逐。

嘉靖至万历年间，阳明学已是占据当时的文化宗主地位。如此崛起的社会思潮，不仅是一种学术主流，而且形成一种强大的政治势力，从而奠定了明代中后时期思想解放的理论基础。恰在这时，何春、陈九川等一批阳明弟子、后学在漳州从政、讲学，将阳明学传入漳州，影响一大批官员以及学人士绅，成为其冲破明朝“海禁”等僵固政策，促进漳州月港开洋，推动大航海时代的发展，拓展海上丝绸之路。受月港开埠发展的影响，一批闽南弟子在海上丝绸之路的沿线开展贸易，进军广州十三行，产生了世界首富潘振承、伍秉鉴等一批闽南人，风行 18 世纪中叶的世界经济圈。

闽南偏于东南沿海一隅，山海阻隔，历来就是一个相对封闭的地区，重男轻女现象尤为突出。明末闽南人李贽吹响妇女解放号角之后，闽南地区涌现了一批巾帼豪杰。如泉州郑妈黄氏等女海商驰骋江海，还有在印尼的厦门华人印结瓦定，在巴城的漳州华人颜二、同安陈氏等。1874 年，厦门成立了中国第一个戒缠足会，数十位闽南女性参加。19 世纪末，陆续兴办一批中国早期女校。

通过在地域文化视域下，对福建阳明学与闽南文化关系的梳理，从一个侧面增加对福建在阳明学传承、发展上的文化自信。特别是在阳明过化的漳郡大地，正沿着“两个结合”方向，赓续文脉，推动阳明文化的创造性转化、创新性发展，逐渐成为福建阳明学的传承、发展中心。

山色古今余王气

——略述福建阳明文化遗存

王阳明与福建的关系主要体现在其一生“两次半”的入闽经历。据《阳明先生年谱》记载，明正德二年（1507），贬谪至贵州的王阳明，因刘瑾派人追杀，从舟山走海路，迂道遁迹武夷山，后折返杭州再赴贵州。正德十二年二月至四月，时任南赣巡抚的王阳明从赣州出发，率领两千精兵，进军汀州，驻节上杭，用了两个多月的时间平定闽粤交界的漳南山民暴乱。期间，王阳明留下多篇诗文。平乱之后，王阳明两度向朝廷上疏奏请添设福建平和县。明正德十四年六月，王阳明奉敕勘处福州三卫所军人哗变，行至丰城听闻宸濠叛乱，遂返吉安起义兵，赴闽半途而返，故称半次。其行迹大致可概括为：遁迹武夷，进军汀州、驻节上杭、平寇漳南，戡乱赴闽。王阳明离世后，福建学人以及莅闽仕宦的外地官员在武夷山、长汀、上杭、平和等地先后创立12座公祠以祀阳明，铭记其捍患平乱之功，感念其施民教化之德。

一、武夷山的阳明文化遗迹

武夷山，位于福建西北部的闽赣两省交界处，具有独特、绝妙的丹霞地貌，属罕见的自然景观，是人类与自然环境和谐统一的代表。九曲溪环绕山中，两岸分布着三十六奇峰、九十九岩，气势雄伟，千姿百态。武夷山具有丰富的历史文化遗存，尤其在宋代，集儒、道、佛于一身，被儒家称为“闽邦邹鲁”，道家称为“升真元化洞天”。朱熹曾于此创建“武夷精舍”，著书讲学；范仲淹、陆游、辛弃疾、王阳明等历代名人都在此留下词文诗赋。

据《阳明先生年谱》记载，明正德二年（1507）八月中下旬，贬谪在杭州养病的王阳明，佯狂避世，托言投江南遁、游海遁入武夷山中。期间，他赋诗《泛海》：“险夷原不滞胸中，何异浮云过太空！夜静海涛三万里，月明飞锡下天风。”此诗，有朱砂拓片存于余姚市文物保护管理所。在武夷山，王阳明作《武夷次壁间韵》：“肩舆飞度万峰云，回首沧波月下闻。海上真为沧水使，山中又遇武夷君。溪流九曲初谙路，精舍千年始及门。归去高堂慰垂白，细探更拟在春分。”九月，王阳明自武夷山返回，经广信府，溯彭蠡，历沅湘，至贵州龙场。

为纪念王阳明的武夷之游，在其门生及后学、亲裔的推动促成之下，武夷山先后建有 5 座纪念王阳明的祠堂（其中 4 座特祠、1 座合祠）：一是明嘉靖三十七年（1558）春之前，在武夷山一线天处修建一座阳明祠。

位于武夷山一曲溪北水光石上的摩崖石刻

二是嘉靖三十七年，福建建宁府同知、邹守益门人董燧谋于建宁府知府刘佃，于武夷山幔亭峰建精舍，立阳明、甘泉二先生祠。应刘佃之请，邹守益作《武夷第一曲精舍记》，言阳明、甘泉之学“独接濂洛，一洗夹杂支离而归之明物察伦之实”；刘佃撰《阳明王先生祠记》，今有摩崖石刻存武夷山九曲溪一曲水光石“修身为本”石刻右上。“修身为本”四字，系明万历年间阳明后学李材所题刻。三是明天启六年（1626），崇安县诸生在武夷山棘隐庵故址（接笋峰下、云窝右）为福建督学葛寅亮建造生祠。葛公坚辞不就，而改祀文成公，还为该祠置田十五亩，以供祀事费用所需，并亲自撰写《王文成公祠记》，以记其事。四是清康熙四十八年（1709），王阳明后裔王复礼奉聘福建而寓居武夷山，建宁府督学杨笃生、巡道陈廷统到崇安巡视整顿，拜访王复礼之后，要求崇安知县王梓在冲佑观（今武夷宫）前，重建王文成公祠，以供后人景仰。王梓最终选择在西禅岩之麓望仙桥右侧重建，祠成，并作《重建王文成公祠记》，以记之。五是清康熙五十年，王梓在冲佑观右侧创建祭祀包括王阳明在内的群贤祠。

此外，诸多阳明门生及后学、亲裔在武夷山也留下不少文化遗迹。如王守礼、王畿、邹守益、马明衡的摩崖石刻。

二、长汀的阳明文化遗迹

长汀，古称汀州，地处福建西部，武夷山脉南麓，南与广东紧邻，西与江西接壤，是闽、粤、赣三省边陲要冲。汉代置长汀县，唐开元二十四年（736）设置汀州。从唐代至清代的一千多年间，汀州一直是历朝历代州、郡、路、府的治所，是闽西的政治、经济、文化中心，有“唐宋元明清皆谓金瓯重镇，州郡路府县均称华夏名城”之赞。

明正德十一年（1516）八月，王阳明升任都察院左佥都御史，巡抚南赣汀漳等“八府一州”，汀州是其“八府”之一。明正德十二年二月中旬，王阳明因漳南军情紧急，从赣州发兵，追责督战，出征至长汀时，赋诗《丁丑二月征漳寇进兵长汀道中有感》；四月，班师回赣时，于十七日再次经过长汀，停留数日之久，并随地讲学其间，还将知府唐淳带往赣州随军征战；五月初八，《闽广捷音疏》有云：“臣当日即自赣州起程，亲率诸军进屯长汀、上杭等处。”正德十三年三月十五日，王阳明签发公移《批汀州知府唐淳乞休申》。

为纪念王阳明两次行经长汀，崇祯六年（1633），汀州知府笪继良利用修建城墙所剩余的银两，在广储门（三元阁）外左侧所修建“王文成公祠”。可惜的是，1999年，因城市发展需要，长汀县决定重修三元阁城楼，便拆毁了年久失修的长汀王文成公祠，在其址地上恢复建设了一座仿古的城楼，依然命名为三元阁。

三、上杭的阳明文化遗迹

上杭县，位于汀江中游，福建西南部，北接长汀县、连城县。宋淳化五年（994）置县，直至元、明、清三代均隶属汀州府。明正德十二年（1517）二月中旬，王阳明从赣州发兵征讨漳寇，驻扎上杭察院行台；二月十九日，从上杭出征漳州；四月十三日，从漳州班师回上杭。其间，王阳明撰诗文《回军上杭》《喜雨三首》《时雨记》《书察院行台壁》《行台夜坐怀友》《再过行台有感》等。为纪念王阳明，上杭建有阳明桥、阳明祠、怀德祠、阳明书院等纪念建筑，并将其牌位从祀于上杭文庙大成殿孔圣牌位之右。

上杭城墙、阳明门、阳明桥　上杭城墙，位于上杭县临江镇临江路。宋代始建，明成化二年（1466），御史朱贤及佥事牟俸等以城隘不足居军，命知县胡钺拆而大之……八年城成……为门七，东曰昭阳，西曰通驷，南曰通济，北曰迎恩，上南曰兴文，中南曰阳明，下南曰太平，各建敌楼其上。阳明门建成与王阳明出生是同一年，即明成化八年。现仅存阳明门、太平门。

上杭地处汀江中游，上至汀州，下入韩江，为交通要地。明正德十二年（1517），王阳明莅镇时，鉴于始建于明正统三年（1438）的南门外浮桥，几建几毁于水患，汀江两岸的杭城百姓渡船来往既缓慢又不安全，便出军资在阳明门之右重建造一座浮桥。为感念王阳明的恩德，时人将浮桥命名为“阳明桥”。《重建浮桥记》曰：“杭城之南门曰阳明，正德丁丑（1517）三月，阳明王公过之，于其右水口作浮桥渡行者，亦因其名。盖公本济川名世之英，乃显设而为之兆者如此。”人们过浮桥经阳明门而进城，入城门后的巷道则取名“浮桥巷”，保留至今。目前，浮桥早已不存，而阳明门保存完好，门顶上方有道路通过。阳明门连同城墙被列为省级文物保护单位。

察院行台、《时雨堂记》碑 明正德十二年（1517）春，王阳明屯兵上杭，驻察院行台。期间，连续三月不雨，王阳明祷于察院行台，作《祈雨辞》；得雨后，作《时雨堂记》，亦作《书察院行台壁》：“正德丁丑，奉命平漳寇，驻军上杭。旱甚，祷于行台；雨日夜，民以为未足。乃四月戊午班师，雨；明日又雨；又明日大雨。乃出田，登城南之楼以观，民大悦。有司请名行台之堂为‘时雨’。”与此同时，王阳明又赋诗《喜雨（三首）》《题察院时雨堂》。

上杭察院行台于康熙十九年（1680）改建为社学，四十一年又改为义学，五十二年毁于大水。康熙五十六年，知县段巘生改建为阳明书院，并撰有碑记，详记改建始末。其后又废。在今上杭县临江镇瓦子街与人民路交界处的城东小学附近。

上杭《时雨堂记》碑，现存有两方，分别立于上杭县临江镇瓦子街中心的阳明亭、上杭文庙前的右侧。清咸丰十一年（1861），扩建阳明祠，中置王阳明手书石刻《时雨记》碑，为粉红色砂岩石，长 3.04 米，通高 2.1 米，厚 0.25 米，基座高 0.49 米，碑文楷书 218 字。2010 年，移至上杭文庙前的右侧，现碑外以玻璃罩封保护，碑文风化脱落过半。瓦子街阳明亭中所立《时雨记》碑，是 2010 年仿前碑而建，字迹清晰，被列为县级文物保护单位。

《南泉庵漫书》(《回军上杭》) 梁乔，字迁之，号静轩，上杭人，明弘治十五年（1502）进士，与王阳明同在刑部、兵部担任主事，同因参劾阉党刘瑾而遭迫害。刘瑾伏诛后，任兵部郎中，又任绍兴太守六年，任上“政惠人和”，“乡宦谢文正迁、王文成守仁皆以循良称之”，后以母年高致仕回乡。

先是，正德十年（1515）夏，时在南都任职的王阳明有书函与时任绍兴太守梁乔，即《寄梁郡伯书》。十月二十三日，王阳明再有书函与梁乔，即《寄梁郡伯书》（《又寄梁郡伯手札》）。今有王阳明书法真迹，藏上海博物馆。

正德十二年（1517）春夏之交，王阳明驻军上杭时，两人之间常有交往。四月，雨中，王阳明赋诗《题南泉庵》，亦作《南泉庵漫书》，末署“雨中过南泉庵，梁郡伯携酒来，即席漫书，遂呈录。守仁顿首”。遗墨今藏上海博物馆。

上杭文庙 上杭文庙，又称孔庙、学宫，始建于宋嘉定十六年（1223），后因毁于水或坏于蚁；明嘉靖二十七年（1548）原地重建，以大成殿为中心，分前、中、后三门，殿前建东、西两庑和名宦祠、乡贤祠、戟门、泮池、棂星门，殿后建明伦堂、崇圣殿，左右还有尊经阁、教谕署、紫阳书院、周公书院、入圣第一门及四斋五祠等。

今大成殿的东侧，放置始建学宫时烧制的青砖。大成殿门前及门内，安放宋、明两代的碑刻，其中有正德十二年（1517）四月王阳明于上杭所书的《时雨堂记》碑。上杭文庙大成殿孔圣牌位之右，有王阳明的牌位。2001 年，福建省人民政府公布上杭文庙为省级文物保护单位。

王文成公祠 为纪念王阳明在上杭的惠政，明嘉靖三十七年（1558），巡道王时槐于上杭县北旧学址修建怀德堂以祀先生，后易名为王文成公祠。崇祯三年（1630），知县陈正中重修，之后失修。

清康熙五十六年（1717），上杭县知县段巘生改建上杭义学为阳明书院，并撰碑记，其后又废。上杭义学前身为王阳明当时驻节上杭时的察院行台。康熙六十年上杭县知县马义重修上杭王文成公祠。

四、漳州、平和的阳明文化遗迹

漳州府，地处福建南端，唐武后垂拱二年（686），武则天敕建漳州郡。明洪武元年（1368），改漳州路为漳州府，府治在龙溪县（今漳州古城），辖龙溪、龙岩、长泰、南靖、漳浦五县。正德十二年（1517）春夏，王阳明发兵平漳寇后，于正德十四年析南靖、漳浦县地置平和县。

南靖县大帽山 大帽山位于今南靖县靖城镇。乾隆《南靖县志》卷二《山川》载："大帽山，又曰三凤山，为县治主山。后峙五峰，端崖峭拔，峦头圆静，丰满支麓，袤延盘绕，郁为方隅，镇八景之一。"《明史·王守仁传》："福建大帽山贼詹师富等又起……于是檄福建、广东会兵，先讨大帽山贼。"这里，明正德年间以詹师富为首的"大帽山贼"，泛指漳州西南地区乱民。

长富村 长富村是王阳明正德十二年（1517）春发动的漳南战役主战场之一，位于今平和县长乐乡。王阳明《闽广捷音疏》记载："各职统领军兵五千余人，进至长富村等处。见得贼众地险，巢穴数多，兼且四路装伏，势甚猖獗。克期于正德十二年正月十八日等，各分哨路，从长富村至阔竹洋、新洋、大丰、五雷、大小峰等处，与贼交锋。"《明史·王守仁传》："明年（正德十二年）正月，督副使杨璋等破贼长富村，逼之象湖山，指挥覃桓、县丞纪镛战死。"纪镛、覃桓战死地，在今平和县长乐乡秀山村江项自然村。

象湖山 象湖山是王阳明于正德十二年（1517）春发动的漳南战役的主战场，位于今龙岩市永定区湖山乡象湖村。《闽广捷音疏》记载："各职统领，俱于二月十九日夜衔枚直趋，三路并进，直捣象湖山，夺其隘口。”“黄蜡溪、上下漳溪与广东饶平县并本省永定县，山界相连。遵依约会，广东官兵并金丰哨指挥韦鉴、大溪哨推官胡宁道等，于三月二十一日子时发兵，齐至黄蜡；广东义民饶四等领兵亦至；会合我兵，三路进攻。”象湖山主峰天窠岽，海拔 1217 米，地形险要，具有军事战略意义。

平和县衙遗址 位于今平和县九峰中心小学内，现存石柱、抱石等部分建筑构件。漳南战役结束后，正德十二年（1517）五月二十八日，王阳明上《添设清平县治疏》，建议割南靖清宁里、新安里，漳浦县二都、三都，添设一县，同时将小溪巡检司移于枋头坂，以增强防御；十二月初九，漳州府知府钟湘、南靖县知县施祥、漳平县知县徐凤岐等府、县官员莅临河头（今平和县九峰镇），告祀社土，伐木兴工，举行建设包括县衙在内的县城开工仪式。历经近一年的施工，县堂、衙宇等县治衙门于正德十三年十一月建成竣工。其规制为：中为正堂，前为露台，再前为甬道、戒石亭、仪门，后为川堂。正德十三年十月十五日，王阳明再上《再议平和县治疏》。正德十四年三月十六日，王阳明奏设的福建漳州府平和县开县，县城在九峰镇，文庙、城隍庙一并建造。

九峰镇文庙、城隍庙 九峰，在平和县西南部，与广东饶平、大埔两县相邻。又名“九和”，城东有九和山，九峰耸峙，镇名由此得来。自王阳明在明正德年间倡建平和县以来，历经明、清、民国三个时期，均是县治所在。直至 1949 年 3 月，才迁至小溪镇。目前，九峰古镇的城墙已全部拆除，仅存城隍庙、文庙以及明清古街一条约 400 米。

九峰镇的平和县文庙，现在平和二中校内，为省级文物保护单位。明正德十三年（1518）建成，于明嘉靖、万历、清康熙年间屡有重修，旧县志载之为“庙宇轮奂，甲于他邑”。现存大成殿、明伦堂保留部分明代原构件，具有较高的艺术水平和独特的建造风格。

九峰镇的城隍庙，始建于正德十二年（1517），十三年竣工，历经多次修建，是国家重点文物保护单位。城隍庙坐北朝南，为四进五落建筑群，中轴线上自南而北为牌楼、门厅、戏台、正殿、后殿，两侧有回廊。整座庙宇结构严密，布局合理，雕梁画栋，既蔚为壮观，又富丽堂皇。

漳汀巡检司 其前身是小溪巡检司，元代置于南靖县东琯水之阳（今平和县小溪镇三角坪一带），明洪武二十年（1387）移至漳浦县九都古雷（今漳浦县古雷镇），正统七年（1442）移至南靖县清宁里河头大洋陂（今平和县九峰镇区），正德十三年（1518）移至南靖县清宁里枋头坂（今平和县芦溪镇漳汀村），并更改司名。明正德十三年十月十五日，王阳明所上《再议平和县治疏》云："又照南靖小溪巡检司既已改立漳汀，合改漳汀巡检司印信，奏请改铸""今据前因，参看得所呈新设县治，既已议名平和，小溪巡检司改名漳汀巡检司"。现存有一座城隍庙，土城部分残垣的地基，以及部分重新刻的碑刻，新建的水泥埕、戏台等设施。

建于明正德年间的芦溪漳汀巡检司城隍庙全貌

平和县王文成公祠、《平和县鼎建王文成先生祠碑》 为感谢王阳明奏请添设平和县，明嘉靖三十三年（1554），平和县学宫（文庙）明伦堂北建阳明祠。崇祯初年废弃，另建新祠，遗迹早已不存。崇祯六年（1633），时任平和知县王立准移建王文成公祠于平和县东门外，塑像以祀；漳州太

平和王文成公祠外观

守施邦曜从余姚寻得王文成公像，塑王阳明像于中堂，题匾曰“正学崇勋”；黄道周撰书《平和县鼎建王文成先生祠碑》，刻碑置于祠中。1957年，王文成公祠被毁坏。2022年，重建。

黄道周于明崇祯甲戌（1634）夏日，应平和知县王立准之邀，为平和县重新建造的王文成公祠而撰写《平和县鼎建王文成先生祠碑》。碑文勒石置于祠中，后祠圮碑倾，被移至新县城小溪镇的中山公园，几经移位，已是石裂碑分；之后再屡经修复，现碑分为上、下两截，收藏于平和县博物馆。碑高2.5米、宽1.02米、厚0.12米，字体约3厘米见方，碑座遗失。碑文共有1315字，其中正文1210字。主要阐明王阳明与平和的历史渊源，以溯“文成之业”；颂赞置县120年以来“弦诵文物，著于郡治”的成效，以彰“文成之发轫”；记述重建公祠的经过，以为“纪事”。平和现存的4部《平和县志》均将此碑文收录其中。目前，《平和县鼎建王文成先生祠碑》收藏在平和县博物馆，被列为县级文物保护单位。

镇海卫　始建于明洪武二十年（1387），是明代福建沿海抗倭御敌的古城，用花岗岩条石以“一顺一丁”密缝干砌而成，形制规整，也是明代

镇海卫东门

四大卫所之一。位于今漳州市龙海区隆教乡镇海村，现残存高2—3米不等、长约2700米的城墙以及东门、南门、北门、水门等4个城门。

在王阳明建立功业的第一仗——“漳南战役”中，镇海卫指挥高伟、徐麟、覃桓、县丞纪镛带领1000余名官兵前去会剿，覃桓、纪镛马陷深泥，被广东大伞“山贼”众戟刺杀而殉死疆场，高伟被戳二枪。之后，镇海卫将士还冒着炎炎酷暑，日夜兼程，跨省长途急行军，以最快的速度赶到南昌，投入平定宁王之乱的战役中，被王阳明赞为“忠义既有可嘉，劳苦尤为足悯”。同时，阳明后学王时槐莅闽履职期间，积极推动、指导镇海卫所及其所属之的铜山户所的修建。

“江右王门”代表人物陈九川、阳明再传弟子李材等一些阳明弟子、后学谪戍镇海卫期间，借助当时卫所的书院、义学等场所讲学、讲会，传播阳明心学，布施传道，教化民众，成为推动阳明学在漳州地区弘扬、传播的重要途径之一。镇海卫也因此成为阳明心学在漳州地区弘扬传播的一个重要节点。

和邑风雨

天底下最美的地方

在闽南金三角漳州西南部，有一个被林语堂称为“天底下最美的地方”——平和县。

追溯县名的起源，应从县名的“起名人”——王守仁说起。

王守仁，字伯安，别号阳明，浙江绍兴府余姚县（今宁波余姚）人。阳明不但精通儒释道，是“陆王心学”之集大成者、罕见的全能大儒，且能统军征战，官至南京兵部尚书兼都察院左都御史，总督两广兼巡抚，是明代最著名的思想家、哲学家、军事家、教育家。

灵通山

明正德年间，漳州的詹师富与广东的温火烧集聚6000多名“山贼”，在闽粤交界的漳州南部山区一带占山为王，并和江西南安的谢志珊、蓝天凤，广东的池仲容等结成联盟，频繁劫掠州县，致使“三省骚然”。正德十二年（1517），王阳明巡抚南赣汀漳等处。一到赣州，就马不停蹄地开展调查研究，在一个月之内，就详细掌握“八府一州”的“山贼”情况，决定采取先易后难，各个击破的战术，将巡抚南赣的第一个战场摆在“山贼”势力相对薄弱的漳州南部山区。

此后两个多月的时间里，王阳明指挥福建、广东两省官兵与“山贼”厮杀，先后攻破了象湖山、可塘洞、箭灌、大伞等40多个山寨，擒获斩首“山贼”2700多人，俘获“山贼”家属1500多人，烧毁贼巢房屋2000多间，缴获众多的牛马辎重，肃清了盘踞在闽粤交界山区数十年之久的以詹师富、温火烧为首的山民暴乱，妥善安置了1235名“山贼”、2828名“山贼”家属，取得了平漳寇的胜利，这也是他建立事功的首仗。

漳南战役之后，令阳明先生头痛的便是如何治理这块土地，使老百姓长治久安。战役一结束，王阳明就着手考虑如何巩固平乱战役成果。据说，一天夜晚，王阳明特意来到平和河头耆民曾敦立的家里，向曾老先生请教“长治久安”之策，没想到曾老先生笑而不答，只是斟上满满的一杯滚烫

三平寺

热茶，请王阳明趁热喝。王阳明看着满满的一杯热茶犯难了，这怎么喝啊，不好端不说，一不小心就烫着了。看到阳明先生的犹豫和为难，曾敦立拿出一个空杯子，把茶一倒为二，递给王阳明。阳明先生马上心领神会，明白了曾老先生“分而治之”的建议，便起身告辞了。

灵通山

这则生动的故事到底有多少可信度，已不得而知。但有一点是肯定的，“漳南战役”之后，王阳明根据生员张浩然、耆民曾敦立等人的书呈以及漳州府知府钟湘、福建按察司兵备佥事胡琏的呈报，上书朝廷《添设清平县治疏》和《再议平和县治疏》，认为“建立县治，固系御盗安民之长策”，可以收到“盗将不解自散，行且化为善良”的效果，恳请朝廷“俯念一方荼毒之久，深惟百姓永远之图”，建议割南靖县清宁、新安等里，漳浦县二、三等都，添设一县。大明朝廷应允了王阳明奏疏，于“正德十四年（1519）六月十九日增设福建漳州平和县，主治于南靖县之河头大洋陂”。据《王阳明全集》可知，王阳明于正德十二年（1517）最初向朝廷奏请设置平和县时，所起的县名并不是“平和”，而是“清平”；到了第二年，依“县名须因土俗”，“询知南靖县河头等乡，俱属平河社，以此议名平和县”。至此，平和县正式开县，开启了“自强不息生和气，厚德载物送和风”的新时代。

为何因“平河”而设“平和”呢？这归功于王阳明。王阳明精通儒释道，深知“和”的精髓。儒学之“和”，包含“和而不同”，追求“协和万邦”“政通人和”；佛教之“和”，蕴含“一团和气”“以和为尚”，倡导人心和善、家庭和睦、人际和顺、社会和谐、人间和美、世界和平；道教之“和”，蕴含“太和万物”，和以处众、和衷共济、和光同尘、以和为贵。因此，王阳明在为平和县起名时，以“和”取代“河”，可以说是有的放矢。“和”是中国传统文化之最本质，也是平和核心价值和精神之所在。

灵通山

感怀八闽第一枪

纪念重大历史事件，有“五年一小庆，十年一大庆”之约定俗成，人们借助重要时间节点开展纪念活动，慎终追远，缅怀先辈之艰辛，继往开来，展望未来之愿景。

2023年，恰逢“平和暴动”95周年，又是争创省级全域旅游示范县冲刺之年。文旅融合发展自是题中之义。作为暴动策源地的长乐乡，未雨绸缪，早早谋划、建设一批纪念性的旅游设施，打造红色旅游网红打卡点。“八闽第一枪”作为长乐乡乃至平和县的城市名片，自是文创构思的引爆点，而开国少将王直于2012年亲笔题写的“八闽第一枪”墨宝，更是稀有文化资源，也是文旅创作的重要元素。 这不，于“平和暴动”90周年之际的2018年，该乡就在长乐大桥的桥头两侧，以迎风飘扬的红旗为底，镶嵌金黄色的王老将军所题“八闽第一枪”五字，字字熠熠生辉，向过往的人们诉说这里曾经的荣光与辉煌。这年，该乡更是在省道秀秀线的集镇区入口处，矗立起一座主题为“八闽第一枪”的雕塑作品，成为该乡的地标性景观，党徽照耀，军旗猎猎，机枪挺立，第一枪的气势喷薄而出。

何为“八闽第一枪”？

1928年3月8日，在中共福建临时省委的直接领导下，中共平和县委组织领导平和暴动，打响了“八闽革命第一枪”。关于平和暴动的历史地位、意义及其影响，中共福建临时省委在暴动发生后的一周就以省委名义发表《中共福建临时省委关于平和暴动宣传大纲》，指出：“平和暴动是福建农民自动夺取政权的第一幕，是整个中国革命潮流的一支，是土地革命在福建开始的信号，是国民党在福建宣布死刑的先声。”“平和暴动是八闽革命第一枪”这一论断，得到了国内党史界的认同，正如《中国共产党历史》所述：“1928 年 2 月，中共平和县委决定建立福建工农革命军第一团和暴动委员会。3 月 8 日，平和县委负责人朱积垒等领导农民举行起义后，撤离县城，转入山区坚持斗争。同年 3 月至 6 月，闽西的党组织发动多次农民起义。其中著名的有中共龙岩、永定等县委负责人郭滴人、邓子恢、张鼎丞等，先后在龙岩的后田，永定的溪南、金丰、湖雷和上杭的蛟洋等地领导的起义。”这样的历史陈述是客观真实，毫无争议的。

然而，1985 年龙岩党史学者郑某在《福建首次农民武装暴动时间考》一文中提出“后田暴动是一九二八年农历二月十三日（3 月 4 日），而非闰二月十三日（4 月 3 日）……结论是，福建首次农民暴动是龙岩后田暴动，时间是一九二八年三月四日”，进而对“平和暴动是福建首次在我党领导下的农民武装暴动”的论断表示了“未敢苟同”的质疑。这一质疑，使得原有的“平和暴动是八闽革命第一枪”的公认定性变得有所争议。之后，加上我县有关方面的重视不够，直到今日尚未能组织相关专家学者进行必要的史实引证和学术争辩，更多的只是空洞地叫嚷“平和暴动才是第一枪”，言之无物，致使“八闽第一枪”的历史地位变得越加模糊不清。

近年来，笔者查阅了 30 多部文献史料以及众多党史期刊，再一次走入“平和暴动”的历史，倾听他们娓娓道来。“平和暴动”主要策划者、时任中共福建临委书记的罗明同志，在其回忆录中指出：“福建的武装斗争，开始就是从这几个县搞起来的，平和最先，以后就是龙岩、永定、上杭。”1982 年 6 月，罗老应邀到漳州开展党史报告会，会前，龙岩党史部门的同志向他询问：“1928 年在福建爆发了多次农民反抗国民党反动派的武装暴动，哪次暴动最早？”罗老不假思索地回答：“当然是‘平和暴动’。”当时在场的龙岩同志至今还清楚地记得罗老的这句话。

新中国成立后，我省早期领导同志在不同场合，对“平和暴动”的历史定性也表达了自己的观点。1953 年 1 月 15 日，时任福建省委书记张鼎丞在省委第二次老区工作会议上的讲话中指出：“最早开始武装斗争的是平和、龙岩、永定和长汀四个地区。平和长乐地区 1928 年 2 月就开始暴动，到 7 月就扩大成立闽西暴动委员会，以开展游击战争，消灭敌人，建立苏维埃政权、实行土地革命为主要任务。”

1984 年 6 月 18 日，时任中顾委委员的魏金水同志在给“平和暴动学术讨论会”的贺信中，明确指出：“平和暴动是福建最早的一次农民武装暴动！”

除此之外，一些地方革命史料亦有类似记载。1979 年 3 月，我省党史专家蒋伯英所编写的《闽西革命根据地史话》中说：“三月八日，第六届广州农讲所学员、共产党员朱积垒同志领导了平和长乐暴动……四月三日，罗怀盛、郭滴人、邓子恢同志领导龙岩后田暴动。”

林林总总，无不确认“平和暴动”在福建革命历史的地位。“平和暴动”打响“八闽第一枪”的论断是不容撼动的。

通过对平和暴动文献史料的全景式梳理，爬梳剔抉，我潜心撰写论文，阐明观点。2021 年 7 月 24 日，在北京参加主题为“革命文献史料的收藏、研究、整理及出版传播”的望道出版论坛·2021 上，我以《整理文献史料是还原革命历史真实性的重要途径——以平和暴动为例》为题发言交流，得到中国人民解放军军事科学院、《军事历史》杂志等单位革命史专家学者的肯定。这是平和学者在全国性学术论坛上为“八闽第一枪”发声。之后，我又将其整理成为 2022 年度漳州市社科研究课题，并完成结题通过。幸哉！我相信，只要我们不断言之有物、言之有理地持续发声，历史终将得以还原真相。

修复县衙文庙遗址构件二记

县衙遗址构件保护展示区记

平和县衙始建于正德十二年（1517），历经明、清两代及民国时期，新中国成立后，辟为学校，现为九峰中心小学。目前，存有部分龙柱、石柱、抱石等建筑构件，以及《吉旦碑》《伍侯遗爱碑》《和邑廉明真父母萧侯德政碑》等三通石碑。

县衙遗址构件展示保护区

明正德十二年（1517）春，王阳明奉命巡抚南赣汀漳等处，率兵入闽平定漳寇，打响“漳南战役”，历经两个多月的围剿，肃清了盘踞在闽粤交界山区数十年之久的山民暴乱。之后，为得长治久安之上策，王阳明两度上疏奏请，添设平和县。

正德十二年（1517）十二月初九，漳州府知府钟湘、南靖县知县施祥、漳平县知县徐凤岐等府、县官员莅临河头，告祀社土，伐木兴工，隆重举行平和县城开工奠基仪式。历经近一年的紧张有序施工，由南靖县知县施祥负责督建的县堂、衙宇等县治衙门于正德十三年十一月建成完工。次年十二月，县衙迎来了首位知县罗干。从此，中国的版图中就有了平和这一县名，开创平和县五百年的辉煌历史，开启一个“自强不息生和气，厚德载物送和风”的平和时代。

岁次癸卯，在漳州市文物保护中心、中共平和县委宣传部的悉心指导和九峰镇的大力支持下，平和县九峰中心小学不忘赓续历史文明，将遗存校内的构件、碑记等县衙构件，按照文物保护的相关要求，整理展示，以供后人瞻仰感怀，凭吊历史，鞭策当下，迎接更加璀璨的未来。

文庙遗址构件保护展示区记

“仲尼之道，广大悠久，与天地并。”文庙之立始于汉，祀孔子于阕里，隋始命州、县学皆以春秋仲月释奠，唐宋以来皆因之。孔子的庙崇王号，汉晋及隋或称先师，或称先圣、宣尼、宣父；唐谥文宣王；宋加至圣号；元复加号大成，定为“大成至圣文宣王”；明以“人以圣人为至，圣人以孔子为至”为由，诏命孔子神位题：至圣先师孔子，去其王号及大成、文宣之称。改大成殿为先师庙，大成门为庙门。文庙之制已成，相沿至今。

王阳明于正德十三年十月十五日（1518 年 11 月 15 日）拟制的《再议平和县治疏》曰：平和文庙与县城同步肇建，于正德十二年十二月初九动工兴建，时任南靖知县施祥负责督建，次年上半年完工，地址在今平和

文庙遗址构件展示保护区

二中校内。

岁序更替，人物更新。平和文庙从明正德十三年（1518）落成以来，屡有修葺拓展。如明嘉靖三十一年（1552），知县赵进、教谕廖瑚因“庙宇倾颓”而新之，并将“前庙后学”改建为“左庙右学”。明万历中，教谕黎宪臣奔走呼号，筹资措工，重修学宫，修缮文庙。明清更代，县学荒芜，清顺治十八年（1661），王守仁五世孙王孙枢代理平和知县，但见“学宫鞠为茂草”“文庙墙宇倾圮，廊庑荒落”，感叹“此前人垂成之功，将竟未竟之绩也”，于是，带头捐出薪俸金银，重建学宫，不及三月乃成。清光绪三十一年（1905），清廷废除科举，县学遂废……

每一个石碑记、石构件就是一段历史的最真实记录者。如今，平和二中校内的大成殿、明伦堂依旧保存完好。校内存有大量石碑、石构件等珍贵文物。如《宋儒范氏心箴》《重建平和县儒学记》《燕溪饶先生立祠记》《新平和县学记》《界碑》等等，记录着自和邑肇建以来诸多人与事，尤其是文庙过往的兴荣辉煌与荒芜凋败，直到今天的傲然挺立，成为省级文物保护单位。

在漳州市文物保护中心、中共平和县委宣传部的悉心指导和九峰镇的大力支持下，平和二中按照“历史文化遗产承载着中华民族的基因和血脉，不仅属于我们这一代人，也属于子孙万代。要敬畏历史、敬畏文化、敬畏生态，全面保护好历史文化遗产，统筹好旅游发展、特色经营、古城保护，筑牢文物安全底线，守护好前人留给我们的宝贵财富”的要求，将遗存在平和二中校内多个石碑记、石构件集中有序展示出来，以此创建“平和文庙遗址构件保护展示区”，目的是让后世诸生从中了解平和的过去、当下，乃至未来，将此文化绵延不断；品读一个个为和邑文化传承而呕心沥血的历代先贤，高山仰止，成为吾侪学习的楷模；感悟平和历史文脉从古至今，生生不息，激励后人踔厉奋发，笃志前行。

（注：该项目在2023年9月的全国阳明史迹保护研究联盟联席会上被评为“联盟十大阳明文化遗产保护研究成果”。）

双十中学在平和

2023年是厦门双十中学（简称“双十”）内迁平和85周年。“双十”在平和8年的办学历史，特别是学校内迁的经历，早已远离人们的视野，成为昨日之记忆。然而，内迁办学的事迹却依然影响着当下厦、和两地的教育人。

元代施惠《幽闺记》有言：“乱乱随迁客，纷纷避祸民。风传军喊急，雨送哭声频。子不能庇父，君无可保臣。宁为太平犬，莫作乱离人。”一句“宁为太平犬，莫作乱离人”，更多的是反映人们向往的理想生活不外乎是“安居乐业”而已，安的是有一个能够遮风挡雨的稳定居所，乐的是有一份可以自食其力的谋生职业。是的，“安居乐业”四个字，诉尽了几千年以来中国老百姓的内心祈求，也成为历代执政者的重要施政方向。所以，除非发生战争、灾害等重大变故，谁都想安安稳稳过好日子，“莫作乱离人”者也。一个家庭是这样，一个学校也是这样，乃至一个国家亦是如此。

近年来，因时常参加福建省闽南文化研究会组织的系列活动之机缘，结识了李向群等一批厦门文化界的前辈师友，且多有交流请益，相谈甚欢。交谈中，得知厦门有一帮老教师每年都会自发组织到平和走访慰问贫困学生。询其缘由，乃知他们始终未能忘却八十余年前日寇铁蹄之下的“双十”，无奈内迁平和，是朴实无华的平和人帮助他们度过那段艰难岁月。厦门老教育人没有忘记当年和邑的接纳之恩。而他们的今日之举，似乎可以看成是民间赓续厦、和两地教育往来互动之举。是的，民间自发的文化交流，或许不及官方承办的活动那般声势浩大，但却如同细水长流般绵延不绝。流水不争先，自有穿石之力。

时光飞逝，转眼已近百年。曾经的亲历者大多已不在人世。今天，人们只能透过尘封的档案去勾勒那段沉重的历史岁月。

1937 年 7 月 7 日，全面抗日战争爆发后，紧接着 8 月 25 日，日本宣布封锁包括厦门在内的我国中、南部海岸，禁止中国船舶航行。9 月 3 日，3 艘日本驱逐舰和 12 架飞机袭击厦门港口，炮击前沿炮台和海军机场，遭到胡里山、屿仔尾等多处炮台的猛烈还击，重创敌舰“箬竹”号。自 10 月 26 日金门沦陷之后，日军以此为据点，更为猖狂地攻袭厦门。1938 年 5 月 10 日清晨，侵华日军在大量舰艇、飞机的支援下，对厦门发起疯狂攻击，守军彻夜与敌激战；5 月 13 日，厦门全岛沦陷。当时岛上局势骤紧，硝烟弥漫，“乱乱随迁客，纷纷避祸民。风传军喊急，雨送哭声频”，写尽了厦门沦陷的街景世态，如此悲戚，声声是泪，滴滴是血！工厂停产、商业停市、学校停课，社会处于停摆状态。不少学校被迫选择迁往偏僻的山区，继续开展教学。如厦门大学迁往长汀、集美学校迁往安溪、“双十”迁往平和……

覆巢之下，安有完卵。沦陷之下，安能立校？迁往非沦陷的山区继续办学，已然是不二之选。内迁，说得容易，但一旦真正实施起来，真不是一件容易的事。俗话说“乞食（闽南语，指乞丐）过溪行李多”，更何况一所偌大的学校，往哪迁，怎么迁……都是棘手之事。

时任校长的惠安人黄其华在其《厦门私立双十中学简史》中回忆：正当学校就迁校选址讨论期间，适逢平和县琯溪镇商会会长周耕民来访，表示欢迎“双十”迁往琯溪（今平和县小溪镇）。原来，平和地方贤达林友梧等捐资倡办的“私立东溪初级中学”（位于今平和县小溪镇中山公园左侧的中秋埔）虽于 1929 年招生开学，但因基金、设备及师资等办学条件不够，省教育厅不准立案，200余名学生面临转学等问题。恰于此时，东溪中学从“双十”平和籍教师蔡启新那里得知，学校将择地内迁山区。东溪中学校董会因周耕民会长与“双十”校长黄其华有同学之谊，而委托其前往厦门接洽。周耕民表示：欢迎“双十”迁往琯溪，东溪中学愿让出校舍与设备供“双十”使用，经费由东溪中学负责筹集。

9月中旬，黄其华校长、数学教师吕建元来到平和琯溪了解情况，在周耕民的引荐下，黄其华校长与东溪中学校董及数位琯溪当地士绅商议，决定：在琯溪设“厦门双十中学琯溪分校”（以下简称“琯溪分校”），并组织分校校董会，聘请当地人士张河山、周耕民、林际泰等11人为校董。黄校长、吕老师随即返厦，着手办理迁校事宜，通告在厦教职员工、学生，凡愿意随迁平和的，即行报名，做好准备。决定随校的教师有吴卓人、吕建元、张德清与蔡启新等4人，学生有王逢元、郑勉等70余人。留厦的部分师生在鼓浪屿另设一个分校，与琯溪分校保持联系。

10月初，黄校长率师生70余人，由嵩屿码头分乘数辆专车，随带校印、校旗、部分理化实验仪器及教学参考书籍等，翌日抵琯溪。“双十”内迁平和事宜终于落地，既解决了“双十”内迁到一个相对安全的非沦陷区，继续开展教育教学活动的问题，又化解了平和东溪中学因办学条件不够，得不到省厅批准的难题。厦、和两地学子都有书可读了。这对于特殊时期的厦、和两地教育事业来说，可以说是“双赢”。

到达平和后，教师与男生入住在前东溪中学校舍，女生则住在琯溪礼拜堂习道班楼上。琯溪分校只设初中部，即日办理注册手续，同时又招收平和及邻县的新生、插班生百余人，学生总数近200名，并就地聘请林际泰、张元标、张维潮、陶望全等为教师，王达材为童子军教练。10月底，黄校长将琯溪分校工作分配、生活安排部署就绪后，就返回厦门；12月下旬，因要前往马尼拉开展劝募，黄校长还特地发函告知琯溪分校校董会：“出国任务繁重，可能多稽时日，请该会聘用专责校长，主持校务。”校董会遂聘请了“双十”鼓浪屿分校负责人庄克昌代理校长。

抗日活动风起云涌，遭受战火摧残的“双十”学子更是满怀一腔热血，积极参与其中。当时，张三族、陈其坚等人在琯溪一带活动，组织农民、学生读报组，并教唱救亡歌曲，带领部分“琯溪分校”学生参加各种进步活动。嗣后，琯溪分校进步教师与学生组织“双十中学抗日救亡宣工团”，分有剧团、歌咏队等，主要向农民、市民宣传。之后又组织“慰问新四军北上抗日宣传队”，发动数十名青年参加新四军，随军北上抗日。

鉴于时局动荡，内迁平和的“双十”，便以生产化、军事化管理学校。师生每日 4 点起床，在童子军教练的率领下，坚持不懈进行军事训练。

琯溪分校的抗日宣传活动，成为当时厦门《华侨日报》报道的热点新闻，鼓舞了闽南地区学生的抗日热情，自然也引起了国民党反动派的关注。1939 年 4 月，教育厅派赖德渊为校长接收琯溪分校。驻漳七十五师也密令由土匪改编而成的“驻琯剿匪别动队”队长张河山就地暗杀教师吕建元、吴卓人及学生张海水 3 名抗日积极分子。万分紧要关头，吕建元从张河山的亲戚张景尧那里得知这一秘密消息，赶在敌人动手前夕，趁着滂沱大雨的掩护，与吴卓人、张海水等人即刻离开平和，躲开敌人残害。然而，琯溪分校经赖德渊接收、改组后，成了省政府直接管理的“官督民办”的学校，随迁而来的 4 位教师，除吕、吴两人被迫离去，张德清因病辞职，只剩下蔡启新一人留校任教。次年，校长赖德渊卸任，由崔钟英继任。

之后，“琯溪分校”的校长、老师屡有更迭、补充，日渐成长、扩大规模，甚至还聘请了如郑勉等内迁毕业生作为教师，补充师资力量，办学秩序步入正常、良性发展的轨道。学校管理规范有序，教学氛围浓厚，老师之间、师生之间关系融洽，尊师重教蔚然成风，学校名声在外。1941 年被聘为语文教师的叶范生，在回忆起那段夜以继日、埋头苦干的教书经历时，就以“暮霭朦胧到琯溪，芒鞋未解和衣栖。中宵起舞疑无力，可恨荒鸡断续啼”一诗咏之，纪实描述。

1945年抗日战争胜利，风止雨息。身在菲律宾的“双十”原校长黄其华准备回厦续办学校，华侨黄文开捐资1万元菲律宾币，作为复员复课费用。此举引发了在菲律宾的厦门双十中学校董会的积极响应，募集20多万元美金，全权委托黄其华回国兴办实业，盈利部分的三分之一作为“双十”办学经费。回国后的黄其华，一方面着手将“双十”从平和迁回厦门复课，一方面到上海兴办启南实业公司。就这样，1946年6月，内迁山区平和、坚持办学8年的“双十”奉命迁回厦门。“双十”在平和8年期间，为平和乃至福建，培养了一大批栋梁之材。可谓：“双十”内迁多艰辛，天马琯水成泮池。八载育英传木铎，文成继之启新航。

之后，琯溪分校改名为文成初级中学。新中国成立后，与大诚中学合并，改称平和县新民中学。1954年春，定名为平和第一中学。1983年9月，平和县又在琯溪分校原址附近创办城镇中学，后复名文成中学，延续“双十”办学理念。

百战归来自发新

红三团，一个在漳州地区响彻近百年的称谓，无论是达官显贵，还是贩夫走卒，莫不耳熟能详。可以这么说，红三团是漳州红色文化记忆中的一个响亮符号。

其实红三团只是一个简称而已，其全称是中国工农红军闽南独立第三团，是一支创建于1932年间的红军队伍。1932年，对于中国革命史，尤其是漳州革命史而言，是一个极为特殊的年份。毛泽东、聂荣臻等老一辈革命家，在粉碎蒋介石反动派第三次“围剿”之后，于1932年4月20日率领中央红军东路军，挥师直指南下，攻克闽南重镇漳州。紧接着，中央红军持续扩大战果，迅速分兵进驻长泰、漳浦、石码、海澄、平和等地。毛泽东在漳接见王占春、邓子恢等漳州党组织代表，对他们给予充分肯定、赞扬，对下一步工作作出指示，并从军事干部、武器装备上给予支持，派出20多名红军干部骨干充实闽南游击队，拨出从敌人缴来的武器补充游击队装备。

1932年4月红军进漳后，很快成立了“闽南工农革命委员会”，选举王占春为主席。五月初，在南靖欧寮周边的漳浦龙岭、山城等地建立苏维埃政府，开展分田斗争，建立第一、第二两个大队的游击武装，有两百多人。第三大队则留在漳州保卫闽南革命委员会。不久，又将石码、海澄、南乡、中北乡的赤卫队编成第四、第五两个大队，五个大队的指战员共计600多人。5月下旬在中央红军离漳前夕，在中央红军的指导和帮助下，五个大队集中到漳浦城关整编，邓子恢宣布正式成立中国工农红军闽南独立第三团（简称红三团，原大队改称为连），王占春任政委，冯翼飞任团长，尹林平任副团长（中央红军留下的干部），谢小平任政治部主任，各连政委分别是何鸣、何浚、林和尚、林开昌、黄坤元，正副连长是陈天国、余天助、刘胜、陈盘、王却车、陈志平等。这就是赫赫有名的“红三团”。当时红三团的主要任务是继续打土豪、分田地，建立苏维埃政权，扩大红军队伍，巩固和发展靖和浦革命根据地。

之后，红三团在包括欧寮、三坪、车本在内的靖和浦根据地开展游击战争，不断壮大成长。特别是在1934年中央主力红军长征后，红三团与数倍于己的国民党反动军队进行殊死的斗争，有效保存了闽南革命火种，并为后续新四军组建奠定基础。

中央主力红军退出漳州后，国民党军队纠集民团开始向靖和浦革命根据地发动了疯狂的“清剿”，开展围乡、抄山、拘捕等行动，企图一举歼灭红军。一时间，欧寮、邦寮、三坪、山前一带，乌云密布，军情告急……特别是在埔尖、车本的反“清剿”战斗中，欧寮、邦寮等村庄的群众，男女老少齐上阵，运弹药、送粮食，有效保障、提供了后勤供给；抬担架、救伤员，及时抢救、安置了受伤红军。在军事围剿的同时，国民党反动派不忘实施经济封锁，企图困死红三团。面对坚壁清野的困境，是欧寮、邦寮、三坪、山前等村庄的百姓，将省吃俭用节约下来的粮食、蔬菜以及日常用品，千方百计冲破敌人的封锁线，源源不断地送到红军手中，帮助红三团渡过难关。正是有了如此紧密的军民鱼水情，才确保了红三团在那么艰困的条件下依然保持旺盛的战斗力。

1933年底，驻扎在靖和浦边区的红三团抓住国民党疲于应付“福建事变”的有利契机，积极配合中共漳州县委认真贯彻“依靠党的明确阶级路线，依照苏维埃的土地法令，彻底解决土地问题，使土地真正落在雇农、贫农、中农的手中”的精神，全面开展分田运动，烧毁旧田契，取消一切债务，确定土地所有权，实行土地革命，在欧寮、邦寮、三坪、山前一带出现了“分田分地真忙”的景象，真正圆了老百姓千百年来梦寐以求的“耕者有其田”梦想。分到田地的欧寮、邦寮农民，把长期憋在心中的劳动热情释放出来，一方面大力发展生产，另一方面也知恩图报，腾出房屋，接待前来整训的红三团指战员，还有数十位年轻人报名参加红军，壮大革命队伍。此时的欧寮、邦寮山、外寮、中寮尖……寮寮呈现出一片分田地、种地忙，整军纪、训练忙，军帮民、民拥军的热闹、繁荣、互助、互爱的新气象。

拥有自己土地的欧寮、邦寮苏区百姓，第一次尝到了革命的成果和丰收的喜悦，更加懂得革命的来之不易。漳州县委顺势而为，充分调动老区群众的革命情绪，引导好、保护好、发展好群众日益高涨的革命觉悟。1934 年 3 月 18 日，在欧寮村召开靖和浦苏维埃代表大会，正式成立靖和浦苏维埃政府，下辖欧寮中心区、五南区和 18 个乡苏维埃、1 个革命委员会，辖区人口约 2.8 万人；苏维埃政府内设经济、军事、土地、肃反等若干委员，机关设在欧寮楼仔村。欧寮因此也成为靖和浦的“红都”。那时的欧寮，到处充满着生机与活力，群众的脸上书写着快乐与骄傲。欧寮的小伙子组建了赤卫队，轮流站岗、放哨，监视敌人活动，一旦有白军入山“清剿”的敌情，马上组织群众紧急疏散，隐藏到深山密林之中，让敌人无从下手、无功而返。欧寮的妇女姐妹参加妇女会，组织洗衣队、慰劳队、白米队，打草鞋、做军服，耐心护理伤员，耕种红军公田，动员亲人参加红军，演绎了一场场“送郎当红军”的感人场面……而在靖和浦苏维埃政府机关里，政府主席林路带领各专业委员，组织民众发展生产，开展支前拥军，处理日常事务……忙碌的身影至今依然烙印在老区群众的脑海里，成为口口相传的故事。硝烟散尽后的今天，那座曾经是靖和浦苏维埃政府机关的瓦房被修葺一新，加以修缮整理，成为一个革命传统教育基地。当人们走进那座楼房，置身其中，瞻仰先烈的革命事迹，感知到的是先辈坚如磐石的革命意志以及革命斗争的残酷，感受到的是老区百姓无私的支持和拥戴，那是心灵得到荡涤和洗礼的旅程。

1934 年 1 月，党的六届五中全会后，为了粉碎国民党对中央苏区进行第五次“围剿”的图谋，中共中央决定将漳州中心县委，饶平、平和、大埔县委，潮安、澄海、南澳县委合并起来，组建闽粤边特委，直接归属中央领导，并指派黄会聪同志组建闽粤边特委，在敌人后方与侧翼展开猛烈的游击战争，以牵制国民党东线主力部队。

那时，国民党反动派为实行“清剿”计划，实施“联保连坐法”，采取“移民并村”，强迫群众弃家移居，坚壁赤野，以致欧寮、邦寮山等革命基点的村庄，房屋尽被烧毁，民众无房可居，大都被迫迁移到南胜。敌人还将移民山上的房屋尽数放火烧毁，百姓流离，社会凋零，一片哀鸿。妻孥鬻于草料，骨髓竭于征输。当是之时，鸟惊鱼散，贫民老弱流离，弃委沟壑，如驾漏船于风涛颠沛之中。从山上下来的移民，生活非常困难，吃、住都要依赖他人帮助。移民下山，田不让种，只好偷偷回去耕作，有的甚至逃到外地打工，有的到欧寮、邦寮山、尪仔石山上砍柴砍竹。总而言之，民众苦不堪言。那时靖和浦苏区的情形，闽粤边特委书记黄会聪在给中共中央汇报时，是这样描述的：

……自从中央主力红军向西北发展后，敌人便实行大举“围剿”，到处建筑炮垒，与组织严密的经济封锁线及施行惨无人道的烧杀政策，敌军所到之处，所有的房屋与山林，尽行烧毁，农民所有的米谷工具衣服等东西，则大举抢劫与烧毁，所捕到的革命民众，初则一律格杀，后则实行所谓“剿抚兼施”的威吓与欺骗政策，强迫民众组织保甲与民团，并实行移民政策，将苏区中所有的民众都驱逐到白区去，同时将附近苏区或游击区的小村农民同样的移到他们统治比较坚强的大村去，并在乡村的周围圈篱打栅。敌人这一政策，明显的是要企图饿死我们，围困我们，使我们党与红军同民众隔绝，进而集中力量一起来消灭我们。

面对国民党如此这般残酷的“清剿”行动，红三团战士白天住在山上火烧过的房子里，晚上再下山到被移民群众家里开展工作，并在艰苦的革命斗争中，与南胜、五寨一带的群众建立了鱼水般的军民关系。正如当时住在欧寮的红三团女干部吴珠清后来回忆所言：“革命完全依靠农民。农民都很热情，我们的人一到，就给（我们）煮吃的，到哪一家就在那一家吃……一个时期敌人驻村搜山，我们不敢煮饭。因为煮饭冒烟会被敌人看见，要到水沟边点火才行。白天晚上都不敢进村，群众见我们挨饿受冻心痛，千方百计叫老太婆带饭给我们吃。几个蛋，一罐饭，拿一根尖担装作挑柴，带上山给我们吃。”

1934 年 4 月，黄会聪来到靖和浦中心县委（1934 年 3 月，由漳州中心县委改称）游击区的欧寮、邦寮山一带筹建特委。1934 年 8 月 1 日，中共闽粤边区第一次代表大会在邦寮山召开，正式成立中共闽粤边区特别委员会（简称闽粤边特委）。特委下辖靖和浦县委、饶和埔县委、潮澄饶县委，特委所辖的武装力量有闽南红三团、潮澄饶红三大队、潮澄饶特务大队、饶和埔诏游击队，所辖的红色区域有靖和浦苏区、饶和埔苏区、潮澄饶游击根据区。闽粤边特委的成立，极大调动了欧寮、邦寮一带群众的革命积极性，纷纷响应特委的号召，利用打土豪所得的款项成立合作社，家家户户参股入社，以多生产的形式支持革命。直到 1938 年 1 月 31 日，红三团奉命编入新四军二支队四团一营，从欧寮、邦寮等闽粤边游击支点的崇山峻岭出发，转战大江南北，从胜利走向胜利……

百战归来白发新，青山从此作闲人。如今的欧寮已是焕然一新，那些红三团战士百折不挠的革命精神、浴血奋战的英雄故事，成为当地百姓口口相传的红色记忆，并已转换成红色旅游资源，吸引着四面八方的人们来此凭吊先烈，缅怀峥嵘岁月，分享苏区绿水青山的美丽与富庶。

漳州平原的乳房

“漳州是一块膏腴之地，扁担插入土里，都会生根发芽。”这是我自孩提记事时，就时常听老人赞美家乡的一句俚话。是的，作为福建省最大的平原——漳州平原，地势平坦，河网密布，土地肥沃，农耕条件优越，素有“闽南谷仓”之称。而孕育滋养这片富饶土地的，正是那蜿蜒流淌其间的九龙江。

众所周知，九龙江是由干流北溪和支流西溪、南溪汇合组成的，分别发源于连城县曲溪乡黄胜村、南靖县南坑乡高港村内舰山北麓、平和县南胜镇邦寮山东南红婆石东侧的笼仔。北溪与西溪在漳州平原，汇流后注入东海；而南溪则由南向北，在龙海玉枕洲与海门岛之间入海。九龙江三条

南溪源

支流的下游就是那被喻为“扁担入土会生根发芽”的漳州平原，也因此被誉为“漳州母亲河”。可以说，九龙江北溪、西溪、南溪就像三个健硕满汁的乳房，亘古不息，日夜不停地汩汩流淌甘甜乳汁，滋养着漳州平原，使之成为沃野千里的“鱼米之乡”“花果之乡”。千百年来，正是这条奔腾不息的母亲河，使得其流域拥有发达的农业产业与先进的农耕文明，养育了生于斯、长于斯的漳郡黎民百姓，让他们过上富庶康乐、闲适安逸的生活。

一方水土养一方人。不少学者曾以水系流域的水文特征，来破解流域经济社会发展以及人文禀性形成的密码。不同流域，孕育着不同的社会文明，也就有了千差万别的风土人情。甚至源自同一座山脉，但因流向不同而形成两条背道而驰的河流，生活在不同流域的两地居民，其方言语系、发音腔调有明显差别。尽管北溪、西溪、南溪同属九龙江，但其中的差异还是依稀可见。如果说河床以岩石为主、落差大、险滩多的北溪，溪水桀骜奔放、一泻千里，孕育了开放、冒险、拼搏的精神，成就了台商投资区新兴工业的腾飞；河床以细沙为主、支流多、水势缓的西溪，婉约浪漫、从容闲适，成就了漳州城区灯火阑珊的璀璨；那么河床以泥土为主、蜿蜒曲折、沟壑纵横的南溪，质朴不羁、吐纳自如，则是延续了漳州千年农耕文明的繁荣。让我们沿着南溪的流水走向，来一个全景式俯瞰，从其舒缓的水流、两岸的风光、流域的作物当中，或许能粗略了解河流的人文禀性。

自笼仔流出的涓涓细流汇成了南溪，经欧寮横石而成一泓清澈溪水，徐徐流入漳浦境内，曲折向东流过漳浦县的南浦、马口、官浔，龙海区的东泗、白水、浮宫，然后头也不回地入海而去。该河流全长 68 公里，流域面积 660 平方公里。沿溪两岸既有茂林修竹、草深木翳的层林叠翠，弥漫着几分蓊蔚洇润的气象；又有田畴阡陌、水系纵横的田园风光，处处是稻菽翻浪、花果飘香的景色。你看那流域内，台湾农民创业园里棕榈婆娑、苗木翠绿、果蔬鲜美，一派丰收在望的景象呈现在世人面前，令人羡慕不已。东南花都的三角梅绽放如瀑、蝴蝶兰雍容华贵、水仙花幽雅清香……各类奇花异草、名卉珍果，令人目不暇接，流连忘返，一个宛如世外桃源般的园区，吸引着无数商贾前来、游客驻足，成为漳州对外开放的一个重要窗口，令人心向往之。东园现代农业示范区积极打造集品种引进、种植、加工、销售等产供销于一体的全产业链，发展智慧农业。一幅乡村振兴的画卷徐徐铺就在南溪下游的大地上，如此这般的斑斓多彩、绚丽夺目，令人赞叹不绝。这一切富庶繁华，无不得益于贯穿其间的南溪水的浇灌与滋润。因为，水是万物之源，更是发展农业的最根本保障要素。这股源自笼仔、源自欧寮的泉水，翻山越岭，一路缓缓而流，一路吸纳支流，有容乃大，融汇成滔滔不绝的南溪水。可以说，南溪就像母亲的乳房，无怨无悔地挤出那甘露般的乳汁，涵养着流域内茁壮生长的万物，哺育着生活在这方热土的民众，繁衍了一代又一代漳州人。写到这里，我突发奇想，假如让我设计一座展示南溪源的雕塑，该以什么样的艺术形式来展示呢？或许将矗立一尊胸前给孩子喂奶、身后又背孩子、顺水面向前方的慈祥母亲立像，让世人景仰膜拜。

“南溪源”一词，于我而言，既熟悉又陌生。二十几年前，我在该镇任职时，时常下乡来到欧寮，但那时还没有“南溪源”一说。因为当时尚未开展水资源普查，也未能确定水系源头。我调离该镇若干年后的2007年，在欧寮村横石组的路边，矗立一颗长方形的石头，石上刻有时任漳州市委书记刘可清所题的“九龙江南溪源”，成为南溪源标示。它仿佛在告知过往的人们，这里是漳州母亲河的一个源头，是养育漳州平原的一个乳头，也时时刻刻提醒居住于斯的欧寮民众，有责任、有义务“管好源头水，保护母亲河”。

这次重访欧寮，来到“九龙江南溪源”标志石碑边上，极目远眺，层林尽染，好似一幅墨黛的青绿山水画；低头俯视，碧波荡漾，一潭清澈见底的溪水泛着粼粼波光，恰似一颗坠落人间的蓝宝石。其实，十多年前在

南溪源标示碑

县政府办任职的我，就对包括南溪源在内的“五江之源”有所关注。当时，县里要建设“国家级生态县”，原环保部门请我编纂《平和县生态县建设规划》，并提供了相关照片，其中有一组照片是立于平和境内的九龙江南溪源、漳江源、鹿溪源、东溪源、芦溪源等五个水源头的标志碑。令我感到惊讶的是，这组照片所显示的是，五个水源头标志碑周边唯一可看到水的，只有南溪源，其他或在干涸的茶园里、草丛中，或在滴水不见的石头边。我还就这个问题，以“呈阅件”的形式专门给县主要领导反映。十多年过去，欧寮老区人民始终不为“经济利益最大化”的物欲所诱惑，坚持“绿水青山就是金山银山”的生态文明理念，发扬牺牲局部利益维护全局利益的老区精神，像当年支持红军那样支持下游，封山育林，采取包括禁止在坡度大于 25 度的山上开荒种果、限制种植巨尾桉等速生林、严禁毒鱼炸鱼等一系列行之有效的措施，建成涵养水资源的生态圈，形成竹树森翳，林茂苔深的绿色屏障；溪涧潺潺，瀑布飞流，使得南溪源头的泉水经年不息，叮咚而出，从而保障下游漳州平原获得充沛丰富的水资源。从这个意义上说，是九龙江南溪源培育了漳州花团锦簇的花卉产业，蔬果满园的现代农业，鱼虾塞塘的水产养殖，成就“鱼米花果之乡”的美誉。

凋零的狱花

五福，寿为先。

何为寿？老子曰：“死而不亡者寿。”一般而言，每个人都得经历从胎儿降生、童稚启蒙、少年求学、成家立业、颐养天年直到寿终正寝，一个生命过程的轨迹，其间的各个阶段自有各不相同的人生使命，体验不同的生命情感意义。如此这般的人生，似乎才算完整。就像一朵绚丽多彩的鲜花，都要经历花蕾孕育、含苞待放、迎风绽放、落瓣凋零几个阶段，最终化为泥土。然而，并非每个人都能有如此完整圆满，有的人过早地匆匆离世，乃至于夭折。或许是生命的如此无常不定和不可逆转，才显得其无比珍贵。然而，对于那些生命短暂的人而言，未必没有“寿”之福。只要死而不亡，就是有福之人。如若一个人在其殁世之后的几十、上百年间，依然被人们铭记，以活在人们的记忆中、心坎上的特殊形式来延续生命。我想，这或许就可称之为“寿”。寿者，应不以生命的长短而论，而应以生命的意义而言。

2024 年是中共闽粤边特委成立 90 周年。人们的视角大多聚焦在一些大事、特事，这本无可厚非，也是应该的。然而，有一位名叫林狱花的小女孩命运，却是令人痛心与惋惜。极有可能，今年也是她离世 80 周年……她，是一朵早早凋零的狱花。

小狱花的父母都是中共平和县委早期领导人。其父林胡鳅（1917—1944），1932 年 4 月，加入中国工农红军闽南独立第三团，成为一名红军战士，1934 年加入中国共产党。历任靖和浦县委辖下的五南区、双坂区区委书记，中共平和县委书记。1939 年，在中共闽西南潮梅特委第六次执委扩大会议上，被选为党的“七大”候补代表。1940 年 9 月，调任永和埔县委书记。1943 年底，林胡鳅调回平和工作，担任闽南特委委员。1943 年 12 月被捕，1944 年 12 月在建瓯就义。其母吴珠清（1916—1985），1935 年春参加革命工作，1936 年 11 月，加入中国共产党。历任五南区委副书记、书记，平和县妇女部长，中心县妇女部部长兼组织部部长等职。1943 年 12 月被捕，1945 年 10 月根据国共合作协议获释，1985 年病逝。

1939 年，经党组织批准，林胡鳅与吴珠清结为革命伉俪，一起投身到敌后抗日斗争中，共同沐浴在枪林弹雨之间。1940 年，根据中共中央的指示以及闽西南潮梅特委的统一部署，中共漳州中心县委及所属的各县、区委采取“长期埋伏，积蓄力量，等待时机”的办法，及时撤退、调换了一批在抗日救亡运动中暴露的党员干部，将他们疏散到安全地区，以保存革命力量。正是在如此残酷与敌斗争的背景下，婚后不久的林胡鳅、吴珠清夫妇调到闽粤交界的永和埔县委工作，林胡鳅担任县委书记。当时，永和埔县委与闽粤边特委驻地，设在广东大埔、福建永定、平和、南靖四县交界处的仙洞大山底下的平和县芦溪镇秀芦村。这里，四周修竹茂林，树木蓊郁，溪水潺流，出入口只有一条羊肠小道。平常时日，永定、平和、南靖的人员、物资往来，大都经过此地，能及时收集各种信息，适合开展革命活动。闽粤边特委与永和埔县委自力更生，在两山的夹谷之间搭建了 6 间茅草屋，作为指挥机关的办公、生活住所。如今茅屋虽已颓塌，已然消失在树木掩映之中，但拨开荆棘，走近其间，依然可以闻到那股红土地上烽火硝烟的味道，触摸那一堵堵残墙断壁，依稀可以感受到林胡鳅、吴珠清夫妇在这里革命生活的气息。在这里，吴珠清怀上了小狱花。这里，就成了小狱花生命的最初原点。或许是这翠绿蓊郁之清新与革命斗争之激情的交融，注定了小狱花的生命本色就是红绿交辉的淬火璀璨，如同陨石划过天空的光芒，一闪而过。

1943年初，怀孕在身的吴珠清告别丈夫，奉命调回平和工作。年底时节，眼看吴珠清就要生孩子了。恰在这时，中共闽粤边特委根据中共中央《关于开展潮梅闽西南工作的指示》“闽南可能沦陷的老支点，应由阿叨、乌鳅分开负责，组成二个流动武工队恢复联系。闽西仍应在群众中继续巩固秘密党的基础，此二地应统一在朱同志领导下”的要求，将林胡鳅调回平和工作，担任闽南特委委员。回到家乡平和仅仅一个多月的时间，林胡鳅就被捕了。1943年12月12日，林胡鳅在平和县坂仔峨嵋山主持召开会议，因叛徒杨德茂告密，小溪民团李仔海带领伪兵、猎狗搜山包围会议场所。听到猎狗的吠叫声，为了保住革命秘密，吴珠清不顾身怀六甲，挺着大肚，赶紧烧毁会议文件，准备撤离。但为时已晚，林胡鳅、吴珠清夫妇被敌人抓走了，押往县城（九峰）的伪县政府监狱。在狱中的林胡鳅、吴珠清夫妇受尽折磨，但始终保持坚强的革命气节，未向敌人透露一丁半点信息。

入狱不久的吴珠清，生下了一个小女孩，小女孩的名字为“林狱花”。这一天，是1943年12月23日。在这凛冽的冬日、幽深的密室、潮湿的牢狱，一个小生命的降生，对于深陷囹圄的林胡鳅、吴珠清夫妇来说，真是悲喜交集，而对于小狱花而言，一出世就注定命运多舛。出生一月后，尚在哺乳期的小狱花，是多么需要母亲的喂养与温暖，需要父母的陪伴与亲吻。然而，就在这嗷嗷待哺的节点上，小狱花被敌人强行从母亲吴珠清身上夺走，送往九峰救济院。从此与父母分离，再也没有见过父母的容颜，从此杳无音讯，好似从人间蒸发……

血浓于水。血缘，是永远割舍不断的关系。对小狱花的寻找与思念，成为林胡鳅、吴珠清后人的一种特殊情愫。从未与小狱花谋面的侄子林强，一直走在寻找小狱花姑姑的路上。

数年前，因我曾因发表有关林胡鳅的文章而结识其孙子林强，彼此多有联系沟通。有一天，林强看了央视大型公益寻人栏目《等着我》之后，就想通过该栏目寻找生死未卜的姑姑林狱花，就这个寻亲想法，来电征求我的意见。对于一个生活艰辛的革命后代依然苦苦寻找亲人的行为，我当即表示赞同与支持。我告诉他，尽管找到的可能性极小，但至少可能通过寻找革命后人的行为，扩大影响，让更多的人参与其间，了解那段峥嵘岁月。

2020 年 4 月 6 日，林强致信时任国家退役军人事务部党组书记的裴金佳，请求通过《等着我》栏目，帮助寻找其姑姑，也就是林胡鳅、吴珠清夫妇在狱中生下的革命孤儿——林狱花。共和国始终没有忘记那些为党为国牺牲的革命烈士。此信引起了国家有关方面的高度重视，6 月 2 日，裴金佳批示："转福建省退役军人事务厅了解情况，积极帮助，请褒奖纪念司跟踪协助。"6 月 24 日，漳州市退役军人事务局就以《动动你的手指，一起来为平和籍烈士林胡鳅寻找遗孤——林狱花》为题，发布一条长达 500 多字寻人启事：

> 林胡鳅（1917—1944），福建省平和县文峰镇黄井村人。1932 年 4 月加入中国工农红军闽南独立第三团，成为一名红军战士，1934 年加入中国共产党。历任靖和浦县委辖下的五南区、双坂区区委书记，中共平和县委委员、县委书记，中共漳州中心县委委员、平和县委书记。
>
> 1939 年 10 月下旬至 11 月上旬，中共闽西南潮梅特委第六次执委扩大会议在广东省梅县松源田心村召开，会上，选举产生了叶剑英、伍洪祥等 7 名党的七大正式代表，林胡鳅等 2 名候补代表。
>
> 1940 年 9 月，林胡鳅担任永和埔县委书记，后与妻子吴珠清（县委副书记）生育一子林其华。为了工作的需要，将幼子林其华（后改名叶旗华）送给芦溪镇树林村庵仔顶陈亚细抚养。

1943 年底，林胡鳅调回平和工作，担任闽南特委委员。回到平和一个多月，因叛徒告密，林胡鳅、吴珠清一起被捕，被押往平和县城（九峰）监狱关押。

在狱中吴珠清生下一女，取名林狱花，满月后抱送当时的九峰救济院，从此杳无音讯。两个月后，林胡鳅、吴珠清一起被押往崇安集中营，途中林胡鳅遭严刑拷打致重病在身，到连城时，双目已失明。1944 年 12 月，到建瓯两三天后，林胡鳅殉难，遗体不知埋葬在何处。吴珠清则被押解到崇安集中营监禁，直到 1945 年抗战胜利后才被释放。

为帮助寻找林胡鳅烈士遗孤林狱花，圆烈士后代梦想，望有知情者与漳州市退役军人事务局工作人员联系。

联系人：×先生，电话：0596-20×××59。

寻亲公告发布后，很快就引起社会公众的极大关注，提供各种各样的线索，也进行了医学甄别。尽管各级退役军人事务部门以及社会各界人士的不懈努力，寻找小狱花的活动一直在进行，且至今尚未有其更为明朗的生存信息，但这朵凋零的狱花依然绽放在老区百姓的心坎上……这也许就是死而不亡的林狱花之“寿”福吧。

龙游琯城

对于平和老百姓来说，“龙艺闹元宵”犹似国人除夕看央视春晚一般，成了和邑琯城（即平和县城小溪镇）民众心中一道仪式感满满的文化盛宴。是夜，整座琯城烟花璀璨映红天空，爆竹声声响彻九霄，人潮齐聚涌向街头。此时，从四面八方汇聚而来观看龙艺游街巡安的人们，无论是商贾豪绅，还是贩夫走卒，或是老少童叟，抑是俊男美女，心中同起一念，无不祈愿风调雨顺、国泰民安、事业发达、财源广进。如此传承数百年之久的民风习俗，代代赓续不已，逐渐演绎成为一种名曰“迎艺”的闽南民俗文化。也正因为如此，2008 年，小溪镇被命名为“中国民间文化艺术（龙艺）之乡”，成为福建省唯一官方认定的“龙艺之乡”，同时，还涌现了李荣华、李渊财等一批龙艺非物质文化遗产代表性传承人。

于我而言，2017 年履职县委宣传部，从次年起，刚过完春节假日的上班伊始，同事们还沉醉在“新年好、新年好”的互访拜年气氛中，我就忙碌起来，召集县直有关单位以及小溪镇开会商讨，居中协调“龙艺闹元宵”的相关事宜，推演预案，事无巨细，确保当晚的琯城“龙艺闹元宵”巡游活动平安顺利。无奈疫情管控期间的四个元宵节，琯城“迎艺”活动也被迫按下“暂停键”。那几年的元宵佳节，我总是感到缺少了什么似的，过年闹元宵的年味淡了许多。

龙年元宵，和邑琯城“龙艺闹元宵”在民众翘首以盼的氛围中，两条各 36 节灵动自如、光彩夺目的龙艺如约而至，还有 25 部五光十色、花样缤纷的彩车紧随其后，浩浩荡荡穿梭在县城主干道，继续上演属于“迎艺”文化的精彩，给和邑百姓带来无与伦比的视觉冲击。整个“迎艺”游街巡安队伍，长达近千米，从空中俯瞰，宛如一条蜿蜒曲折的巨龙，畅游于琯城之间，恰似一幅现代版“清明上河图”。

龙艺由“龙头”“龙段（或称艺棚）”“龙尾”三部分组成。今年的龙头轧制可谓与时俱进，运用现代电子设备技术，龙头在龙珠的引导下，翻腾舞动之际，一股股雾气从龙口喷吐而出，借助各色灯光的照射，更有腾云驾雾之美感，无不让人感受龙腾盛世的欣欣向荣。

龙段是由数十块木制“艺板”连接而成，每块艺板称“节”。每节长约3米，宽约30厘米，中间安装一只小木凳，以便“艺旦”站久而歇息，凳前辅以一根竖竿，用以绑定“艺旦”，防止掉落摔伤。每节艺板由2位壮汉肩抬，俗称“扛艺”。艺板上用竹、木、纸、绢等材料扎成楼、阁、轿、马等模样，并点缀花草虫鱼和彩灯，两侧各有一幅高约40厘米龙麟画布围住，人们称之为“装艺”，形式与内容年年不一，因时而异，富有时代感。龙段可以说是整条龙艺最为出彩的部分，其“装艺”水平亦因龙艺非遗传承人的艺术风格而异，既有简约明快的现代风格，也有繁花簇拥的传统风格，还有注入年度重大事件元素的时尚风格……正因其年年不同，岁岁各异，才满足了人们对“迎艺”的神秘感、新鲜感。每块艺板上站着一位黄口之年的少女、少男，装扮成一个个栩栩如生的“艺旦”。一般龙艺的前六名“艺旦”分别装扮成太子、太子妃、文状元、文状元夫人、武状元、武状元夫人，后面的“艺旦”则是以戏曲人物装扮。古时候，“艺旦”的家人不但要出钱“装艺”，还要请人出力“扛艺”，并将扛艺看成一件迎祥纳福的喜事，特别是前六名“艺旦”，更是人们争相竞逐的角色。各节艺板之间有木制旋钮连接，活动自如，蜿蜒成龙，可在狭窄曲折的村道街巷游行。龙艺的节数不一，一般以12为倍数，有24节、36节、48节……节数最长的要数2007年元宵，以118节的强大阵容创下了史无前例的“迎艺”纪录。当晚，吉尼斯世界纪录官方机构派员当场确认，可惜的是功亏一篑，最终由于很偶然的原因而没有拿到吉尼斯世界纪录的相关证书。每每思及此事，心中一股惆怅油然而生，平和因为同样的原因丧失了土楼申遗等诸多富有地域特色的文化品牌，一而再、再而三地踩入同一“坑”，削弱了文化软实力。但愿这只是一种文化认知不足的悲哀而已。

龙尾的轧制、装饰以及舞蹈动作，与传统的舞龙基本相似，不同的是，元宵“迎艺”是在晚间进行，尾随龙尾的还有一部发电车，以点亮龙头、龙段的所有灯光，让整条龙艺灯光闪烁，璀璨绚烂，更加妩媚迷人，多少弥补了“禁炮”带来热闹气氛不足的遗憾。

其实，“龙艺”作为闽南一种民间艺术形式，其流行范围不仅仅局限于琯城，在平和各地的春季，“迎艺”队伍时常穿梭于其间，乃至南靖、龙海、云霄、漳浦等县，亦可见到形式不一的“龙艺”。如清乾隆《南靖县志》所载“各位侪伍，张灯棚如雨盖，弦歌以行”，与平和的“迎艺”多有相似。

一年一度的“龙游琯城”再一次点燃和邑百姓那颗“爱闹热”的心，这传承已久的民俗活动在和邑大地上布施了“飞龙在天，利见大人”的福泽，让百姓生活像四时轮转那般井然有序，充满着阳光与灿烂……

漫话语堂的闲适

记得有位领导在谈及语堂文化时，竟然将“闲适”解读为“软趴趴”“闲仙仙”（闽南语），指责某一地方的干部精神状态散漫，没有创业的激情和干事的拼劲。如此以字面之意解读语堂文化，真是令人啼笑皆非。假如语堂先生地下有知，会作何感想？但我心念一转，应是我以狭隘之心误解了这位领导的真实意图，领导肯定是想借用林语堂的“幽默”艺术，故意曲解林语堂的“闲适”二字。

然而芸芸众生大多是如吾侪贩夫走卒、引车卖浆之徒，怎能领会其中的玄机奥妙。我想还是以认认真真的态度来漫话语堂的闲适吧。

其实，最早提出“闲适”的，并非林语堂，而是阳明后学、“公安三袁”之一的袁宏道，他强调文章应紧跟时代步伐，反对“文必秦汉，诗必盛唐”的风气，提出“独抒性灵，不拘格套”的性灵说。

袁宏道认为“世间第一等便宜事，真无过闲适者”，“闲适人生，做大自在人”，如此性灵的文风，与李贽的童心说、汤显祖的至情说，无一不是深受阳明心学的影响。

这里，先让我们简略回望一下王阳明的性灵文学观。明中后期，文人士子的精神世界极度压抑苦闷，往往通过追寻圣学功夫获得思想的解脱与精神的超越。王阳明早年也不例外，曾探究辞章义理，终是沉思不得。后因抗疏触瑾被贬龙场，在内外交困中，“自计得失荣辱俱忘”，修炼身心，超脱忘怀，悟得“圣人之道，吾性自足”，秉持“失意不忧，得意不喜”

的淡然处世态度。可见，遭遇万千困境的王阳明，仍能坦然面对，寄身荒山深林之中，以“万物一体之仁”的心态和欣赏的眼光，看待自然山水，吟咏性情，寻求闲适平静的精神境界，消解内心的忧愁畏惧与恩怨委屈。

王阳明的文学创作与其良知学说一致，强调“心”在诗文创作中的关键作用，以心学理论指引诗文创作，将传统“心”“物”并重的“感物说”转为以“心”为主导性用的“性灵说”，打破了传统诗文倡导心、物并重的平衡性，强调作为主体意识之“心”的突出性、重要性与功能性。可见，阳明先生以“致良知”磨炼自己的心灵境界，并贯穿于文学创作实践中，以诗文寄托自己旷达洒脱的胸襟，寄寓超越凡俗的圣人理想。王阳明的性灵诗文观是其通过人生经历所悟出“失意不忧，得意不喜，从容不迫，淡然处世”的人格境界和审美体验。

阳明后学袁宏道深入阐释阳明性灵文学的内在意涵，进一步发扬李贽的童心说，提出“独抒性灵，不拘格套”的性灵说，强调内心情感充沛是创作性灵文学的关键因素，认为：“物之传者必以质，文之不传，非不工也。树之不实，非无花叶也。人之不泽，非无肤发也。文章亦尔。”这与王阳明借树根、枝叶论述品德修养与文章辞藻之关系的性灵文学观如出一辙。可以说，袁宏道的性灵说继承了王阳明、李贽的观点，否定当时文坛复古模拟之风，肯定和充实了性灵文学理论。林语堂对此解释说：“质就是诚实，不空疏，有自己的见地，这是由思与学炼来的……一人必有一人忠实的思想骨干，文字辞藻都是余事。”可见，林语堂极为推崇袁宏道的性灵文学观，其文学创作思想亦受到袁氏性灵文学观的影响。

出生于平和县的林语堂，其思想、文风会不会受到阳明心学影响呢？答案是肯定的。林语堂认可阳明先生“良知”学说，认为“王阳明讲良知，是儒家积极入世以天下为己任之成功者”，其文章多有引述、阐发阳明学义理，烙下了阳明学濡染与熏陶的印迹。而且，林语堂对“致良知”学说也有自己的独特见解，认为：“聪明以为可以做的事，但良知以为不可以做，就不要做，聪明以为不可以做的事，但良知以为可以做，就去做。良知为主，聪明为奴，其人必善良，良知为奴，聪明为主，其人必奸诈……所谓善恶，无非良知，行事凭良知，一切都会好，行事凭聪明，一切都会坏。”

林语堂将士人是否具有良知精神作为评判其道德责任的标尺，成为衡量士人是否达到儒家兼济天下的关键条件。在一定程度上，发扬了阳明心学由内而外、自主体悟的儒家修身方式。同时，林语堂的有关“善恶、良知”论述，也可看成是对阳明“四句教”一个新的注脚，显得更加形象生动，让世人深入浅出地理解与领悟“四句教”的核心义理。可见，林语堂深受“四句教”启发，从中汲取阳明心学的精气神，将良知精神引入文学创作中，加深对中晚明性灵文学观的理解与领悟，以自身的审美创作追求，继承和发展了性灵文学。

林语堂在认同阳明性灵文学观的基础上，进一步倡导文学应立足于现代人追求世俗享乐、自然欲求的人生观，认为文学应是贴近人性、合乎人情、以人性为本的精神载体。其在《论文》中提出：“‘性灵’二字，就是近代散文的命脉，得之则生，不得则死。”“‘性灵’之启发，乃文人根器所在，关系至巨。”“文章至孕育取材及写作确不能逃出性灵范围。”林语堂还在此文中提出“个人的笔调”，这是对《说德文》中“笔调说”的进一步强调与具体化。“个人的笔调”也成为林语堂性灵文学风格中的一个闪光点。

林语堂指出，性灵就是个性、自我与笔调，认为这是行文的技巧。其散文在继承传统性灵文学风格的同时，也对“性灵说”的内涵加以拓展与延伸，强调性灵文学也应具备闲适、幽默的特点，赋予传统性灵文学理论的现代化发展。如其《秋天的况味》一文中写道：“秋是代表成熟……这是我所谓秋天的意味。大概我所爱的不是晚秋，是初秋，那时暄气初消，月正圆，蟹正肥，桂花皎洁，也未陷入懔烈萧瑟气态，这是最值得赏乐的。那时的温和，如我烟上的红灰，只是一股熏熟的温香罢了。或如文人已排脱下笔惊人的格调，而渐趋纯熟练达，宏毅坚实，其文读来有深长意味。”

林语堂笔下的秋天，并无萧瑟、凄凉之境，而是值得赏乐的成熟、温香，由此而联想文人纯熟练达、弘毅坚实的笔调，令人回味深长。林语堂是在体验秋天的生活中，表现自己旷达乐观的心态以及其闲适自由的行文风格，给人以更为温柔而坚定的情感力量，让读者感受其深邃独特而又启人心智的文化情怀。

林语堂善于通过幽默、调侃的笔墨，挖掘日常生活趣事，在平淡、苦涩中寻找乐趣，在平凡中保持对生命的积极态度。认为幽默可作为散文的创作艺术，也是一种审美价值的体现，从更深层意义上说，是其达观的人生态度。其幽默的文学风格主要体现在《论语》中。《论语》半月刊以提倡幽默文字为主要目标，以幽默为指导思想的创作风格，是其将传统性灵文学发展为现代新文学的关键性策略。如《论幽默》：“幽默只是一位冷静超远的旁观者，常于笑中带泪，泪中带笑。其文清淡自然，不似滑稽之炫奇斗胜，亦不似郁剔之出于机警巧辩。”强调散文中的幽默风格是严肃又风趣，以一种庄谐并重而又不尖酸刻薄的语言批判社会现实，以天真烂漫的态度对待人生，以自如的方式畅谈人事，给人以深刻的启发。如此自然畅快的创作艺术，是在阳明“良知”学说指引下，进一步发展和发挥性灵文学的结果。从其关于性灵文学的论述及其文章风格中，可见其性灵、闲适、幽默的审美标准，与王阳明、李贽、袁宏道等一样的性灵文学观，形成超越时空的对话。

林语堂对于幽默文化情怀的本真体验，是对生活审美的一种追求。之所以对生活持有这样的审美追求，是因其在体验、经历了生活中的艰辛与苦难之后，以一种达观、坦然、超脱的心态认可人生。认为幽默可以给人以一种从容、达观的生活姿态，也即达观的人生态度。“中国文化的最高理想人物，是一个对人生有一种鉴于明慧悟性上的达观者。这种达观产生宽宏的怀抱，能使人带着温和的讥评心理度过一生，丢开功名利禄，乐天知命地过生活……才能深切热烈地享受快乐的人生。”林语堂认为一个有智慧、有悟性、有幽默感的达观者，才能乐天知命地生活。由此，不难理解其为何极力宣扬幽默的行文风格。这种达观的人生境界与王阳明困境中的顿悟思想极为相似，其睿智之处即在于看到人生虽苦，却能温和、坚定、从容地对待人生。如其所言：“我以为这个世界太严肃了，因为太严肃，所以必须有一种智慧和欢乐的哲学以为调剂。”

可以说，林语堂从阳明心学中悟出了由内而外的修身品格，深受王阳明、李贽、袁宏道等性灵文学家的濡染与熏陶，在实践上继承与发展了性灵文风，使性灵文学在20世纪初的文坛上掀起了一股热潮。

如此之说，只是一家之言，亦是学用那位领导之方，借用语堂的幽默，漫话语堂的闲适，不知可否？

一方城砖与一桩学案

甲辰伏月，愚因陪同有司到九峰调研古镇历史文化，在一民间茶室偶见一方铭文砖，识曰“永固城砖”。毫无疑问，这是一方平和旧县城的城墙砖。

位于平和县西南部的九峰镇，自明正德年间王阳明奏请设立平和县治以来，历经明、清、民国三个朝代，直至1949年3月外迁至小溪镇，历时430年，一直是平和县治所在地。明正德十二年（1517），王阳明受命巡抚南赣汀漳等处，打响其建立功业的第一仗——漳南战役，历时两个多月的征战，先后攻破了象湖山、可塘洞等40多座山寨，肃清了盘踞在闽粤交界山区数十年之久的山民暴乱。之后，王阳明两度上疏奏请朝廷添设“平和县”，县治定于河头大洋陂处（今九峰镇）。十二月初九，漳州府知府钟湘、南靖知县施祥、漳平知县徐凤岐等府、县官员莅

永固城砖

临河头，告祀社土，伐木兴工。经过近一年的紧张有序施工，城郭于次年九月完工，县堂、衙宇、明伦堂、城隍等县治衙门于十一月建成。县城的规模和基本构成是，城墙高 1.8 丈，内城周长 563.4 丈，外城周长 596.3 丈；建有雉堞 1284 垛；设有 4 个城门并建鼓楼于城门之上，还设有东水门、南水门；建有窝铺 20 间。明、清两代，经多次修葺趋于完善，民国时期，以“开公路、建街市”为由拆城墙，一座为和邑百姓挡敌御寇四百多年的城墙荡然无存，随后淹没在钢筋水泥的高楼大厦之中。人们只能从历史书籍中去探微索隐，建构属于自己心中的城垣。对此，我不知道是要为科技之先进而欢欣，抑是为文明之消失而哀叹？

据出生于 1910 年左右的九峰人曾蔚于 20 世纪 90 年代初撰文介绍：城郭未拆除时，县城内外所有建筑群仍十分完整，从城垣到各建筑群体，设计精巧、结构严谨、布局合理、比例恰当，近视主次分明，远瞻浑然一体。民国十五年（1926），国民革命军第四师师长张贞率部从广东饶平进入福建平和，直驱漳州。成立漳龙公路工程处，规划筹建漳州至广东和龙岩的两条公路。次年，指派部属蒋义和营长到九峰，负责监督实施拆除城垣、建设城琯（九峰至琯城）公路。旧城郭全部拆除后，将城墙拆下的石料、青砖除一部分用来修建县城街道及街道两侧的排水沟外，其他剩下的城砖和石料均由当时的公路局拍卖给当地商人和居民用于建筑商店或民宅之用……这些旧城砖，有的至今仍被牢固地保留在九峰镇居民住宅的建筑物上，没有变形，呈青灰颜色，打印在城砖上的“永固城砖”等字样仍十分清楚。

如此看来，愚在茶室所见的那一方铭文砖，应是 1927 年从平和县城墙拆下的青砖。于是乎，我的脑海里瞬间想起 20 世纪 30 年代，一桩围绕“平和县城砖”而引发的牵涉多位潮汕籍学术大家、两家学术刊物的学案……

平和拆除城墙之际，少时曾随涵芬楼文钞文谈编著者、侯官人吴翊亭先生就读于平和教官衙署内的潮籍著名学者黄仲琴，恰好旧地重游，“发现此砖，不下千万，随取二方，以为纪念”。1933 年，黄仲琴撰文《平和县城砖》，发表于广州岭南大学的《岭南学报》二卷四期。可惜的是，该文已失佚，但从温丹铭的《福建平和县城砖考释》文中可知，《平和县城砖》大致有言：

砖二方，其一面长建初尺一尺四寸、阔七寸、厚四寸五分，识曰“永固城砖”，笔法似颜平原；其一面长建初尺一尺三寸、阔六寸五分、厚四寸，识曰“壬子城砖 万年永固”，笔法似赵吴兴。文皆在左侧，制造均精。民国十六年（1927），福建平和县拆城所得。考《明史》卷一九五《王守仁传》：守仁，正德十一年（1516）八月，巡抚南赣，时南中盗贼蜂起，谢志山（即谢志珊）据横水、左溪、桶冈，池仲容据浰头，皆称王。明年，给守仁旗牌，提督军务，得便宜从事；十月，志山降，设崇义县于横水，控诸徭。又明年，戮仲容，破上中下三浰，于下浰立平和县，置戍而归，自是境内大定。事在平宸濠及断藤峡之前，是为和平设县之始。

康熙《和平县志》记载：

平和县城，为正德十四年，知漳平县徐凤岐所建，至神宗万历三十九年（1611），知县李一凤添建窝铺。是平和初次建城，在立县后一年，徐令筑造，必秉承文成之意旨，此有“永固城砖”文者，当为正德间物，由此可想见当时建设之略，令人动景仰先贤之心。其有“壬子八字”者，当为李一凤时物，惟考壬子为万历四十年，而志作三十九年，岂就议添建时言，抑修志时砖未发现，无从证实耶。

同是潮籍的近现代著名学者温丹铭读及此文后，认为黄仲琴“误以广东之和平，为福建之平和也”；同时对“‘永固城砖’，属正德间物，‘壬子八字’者，当为李一凤时物”一说，持不同意见，并以“自不能如此解释”一语反辩；且以“广州拆城之发现南武城砖”为例，指出“疑此为古砖，永固即为城名，筑城时往往有取古砖羼入者”。1934年，温丹铭将上述观点整理成文，形成《福建平和县城砖考释》，发表于《国立中山大学文史学研究所月刊》。

温丹铭的《福建平和县城砖考释》刊发后，引起学界的彼此争议。《岭南学报》社长杨秋风致函客居上海的潮籍“南社”社员郑雪耘求鉴。郑雪耘当即“驰书漳州，询之著者”，了解具体情况，乃知“以广东之和平，为福建之平和”之误，并非作者黄仲琴之误，而是“学报手民之误也”，并于1934年5月2日将文章出错之因复函告知杨秋风社长。信中郑雪耘还特地说明“黄先生虽籍潮安，然自先世即商于漳，至今犹举家旅漳也。平和近在邻壤，或不致误”，还以“吾辈潮人，其于所属九县，耳熟能详，亦断不至以潮属之澄海而讹为漳属之海澄也”为例，印证黄仲琴不会出现如此低级之误。与此同时，温丹铭也先后致信两封给《岭南学报》，一是就“之前疑平和拆城所得城砖为古砖羼入”一事进行说明；二是就郑雪耘书信的说明，温丹铭认为其撰文“考释之辨正”，是“学问之事，亦聊效切磋之谊，非乐翘人之短也”，希望郑雪耘、黄仲琴不要产生误会。

作为刊发《平和县城砖》的《岭南学报》编辑部，也就编辑、来稿的有关情况，先后两次致函《国立中山大学文史学研究所月刊》编辑部进行详细说明。指出“黄先生从前寄到敝处有砖拓一纸及考释文一篇，均作平和，此文系在去岁署中印刷，当时敝编辑委员等，均因假期离校，仅由校内书记校对，一方固由手民之颠倒误植，而校对之疏忽，亦不能辞其责也”，并希望将相关函件刊发，“以代更正，藉昭事实”。很明显，“以福建之平和为广东之和平”之误，的的确确是《岭南学报》编辑部的校对之误，而非黄仲琴原稿之错。同时黄仲琴也致函《国立中山大学文史学研究所月刊》编辑部，介绍其在平和得到城砖的经过，并对引文出处进行说明，明确“和平虽知有其地，而未到过，印象甚为浅薄，且所引之志书，系《平和志》，而非《和平志》”，表达与温丹铭“素未识荆，但知于弟为前辈，且同属学术中人，不欲与所争论”，以及“温先生较弟平和砖论文，亦已读过，实则手民错极，温公有所误会”之意。

之后，《国立中山大学文史学研究所月刊》编辑部将郑雪耘的《为平和县城砖考释复杨君秋风书》、温丹铭的《福建平和县城砖考释书后》《为平和县城砖考释寓杨秋风书》、《岭南学报》编辑委员会致《国立中山大学文史学研究所月刊》编辑部的《岭南学报社函一》《岭南学报社函二》以及《黄仲琴先生函》等6封函件汇总形成《关于福建平和城砖考释通讯及书后》一文，刊发于《国立中山大学文史学研究所月刊》第二卷第五期，以息温丹铭、黄仲琴、郑雪耘等三位潮籍学者围绕“平和县城砖”而引发的学术之争。

有趣的是，这方城砖乃是福建平和县城墙的遗物，而参与学术争鸣的学者却都是潮汕籍，两份刊物亦都是广东的。由此可见，闽粤文化，尤其是漳潮文化交融之深。透过这一方平和城砖与三位潮籍学者的争鸣，便可窥见一斑。

黄仲琴（1884—1942），名嵩年，号嵩园，祖籍广东海阳（今潮安县），出生、客居于漳州，曾返原籍应海阳县试，为海阳县秀才，是我国知名教授、学者，虚怀若谷，不囿于学科学派樊篱。郑雪耘（1890—1969），原名翼，字雪耘，潮州人，长期客居上海，是上海著名诗社“南社”的社员，擅长书画、工诗词文章、精通谜语，且勤于著述，素有“岭东才子”之称。温丹铭（1869—1954），名廷敬，粤东近现代卓越的学者、诗人，原籍广东大埔（今梅州市大埔县），长居汕头，毕生从事教育、新闻、文化学术及方志文献等事业，著述宏富，在潮汕、客家近现代文化史上做出了不可磨灭的贡献。温丹铭为潮州修志委员会顾问时，郑雪耘以潮州硕彦鸿儒之身份进入该委员会，成为其委员。

一桩发生于90年前的“平和县城砖”之学案，早已尘埃落定，被人们所遗忘。然而，三位潮籍学者之间将“为学问之事”视为“效切磋之谊”，追求“考释之辨正”的执着，以及两家编辑部勇于认错、负责到底的精神，值得吾侪学习。

张一栋与《居家必备》

目前已知平和人编著或在平和刊刻、藏于国家图书馆善本部的明代古籍有四部，分别是李文察的《太常李楼云乐书二十卷》、张一栋的《居家必备》、颜茂猷的《迪吉录》，还有在平和刊刻的《阳明先生集要》。可以说，这四部明代古籍串起了一段平和文脉，甚至可以说是平和文化的鼎盛、高光时刻。在强调“两个结合”的当下，站在新的历史高度去重新审视明代平和四部古籍，对于赓续和邑文脉，挖掘、传承、弘扬中华优秀传统文化有着重要意义。

亘古至今，每一部书籍的主题思想、内容格调、写作手法，无一不取决于作者自身人文品质的高低雅俗。特别是以百姓居家生活为主题，选辑千万种书精华汇编而成的书籍，其选题用材，更是直接反映了编纂者的思想认知、学识修养、视野匠心，或者说是其内心世界的表白与展示。张一栋的《居家必备》（以下简称“张刻本”），收录了众多涉及百姓日常方面的应急之法，与居家生活息息相关问题的解决之道，是前人长期生产和生活经验的积累所成，涵盖了礼仪教化、生产饮食、养生娱乐、占卜趋避等诸多领域。诸事虽小而关系重大，可谓是一部居家生活的百科全书。该书一经问世，就深受百姓欢迎与推崇，以致有明、清两代的多个刻本，流传至今。目前，国家图书馆、北京大学图书馆、山东大学图书馆、辽宁省图书馆、台湾图书馆以及日本内阁文库等图书馆均有收藏，只是版本不一而已。笔者所藏乃明刻本，系杭州武林读书坊所刻。

“张刻本”有一个特别之处就是，扉页没有直接标明该文献的编纂者，后世读者只能通过文献中的子目作者进行甄别。该刻本一始，除了收录瞿祐《居家必备引》之外，先列“冠礼考”“婚礼考”“丧礼考”“祭礼考”“祭礼考”“家礼祠堂事目”等6篇民众日常所及的宗族家庭礼仪文章，其署名均为“漳郡张一栋”。而卷一“家仪”所列的第一篇以“宗法考”为主要内容的《居家仪礼》亦是署名为“漳郡张一栋”，继之，才是宋代司马光的《涑水家仪》、堪称天下家法第一文典的金华《郑氏家范》、宋代朱熹的《训学斋规》、北齐颜之推的《颜氏家训》等影响深远的家训之作。如此编辑子目，的确有悖常规，令人疑窦丛生。而恰恰是如此编辑，让人有理由推断，该文献的编纂者是漳州人张一栋。明末清初绍兴藏书家祁理孙的《奕庆藏书楼书目》子部著录《居家必备》，于子目之末亦题有“漳郡张一栋辑”。

漳郡张一栋，何许人也？

清光绪《漳州府志》载曰：“张一栋，字任甫，平和人。万历丙戌（1586）进士，初授新兴令，调繁番禺。直指蔡梦说首荐之，道经省城，以不谒巡抚，因摘其途中责驿夫事，以轻躁揭之，遂挂部议，改徽州府教授。未几，迁南京助教，与祭酒杨起元校刻《十三经》《二十一史》进。推南户部，秩满转郎中。未几出守平乐，时平乐矿珰方春藉取矿遍蹂民田，一栋杖其党羽而遣之。逾年左迁补两淮运同，疏陈盐政甚悉。旋转守肇庆。丁艰归，乃筑别墅于南山之陲，悠然自终。祀平乐名宦。”

清康熙己亥《平和县志》卷九《人物志》则记：“张一栋，字任甫，号起东。万历丙戌（1586）进士。刚毅渊泓，百折不挠。初授广东新兴县，制府上栋有逸才，调剧番禺。戊子闱拔九人，皆名士入，计举卓异。衅起三山，驿卒无妄，疏乞教职，得保定教授。外艰归，补徽州府学，迁国学助教，预刻《十三经》《二十一史》进呈。推南计部主事，差権水西关，视凤阳仓。上海运疏，因海防海时议伟之历，转郎中，出守平乐府，力持矿珰，以严见惮。未几，调繁肇庆府，向所宰新兴属治也。以内艰归，新人尸祝于包龙图之左，复挂计议，补淮运同知，刻堆盐出盐册，积滞尽清，迁姚安守，罢归。立宗祠，置祀田，为赠君竖表坊，表勒《家范通考》《圣谕演义》，并遗稿二十卷。年七十终。有子六人，自光禄署丞熿（按：当张一栋长子）而下，皆克承家学。祀新兴名宦，并祀乡贤。”而卷八《选举志》更是明确直言：“张一栋，新安里人，丙戌进士。”

经过钩沉搜佚、爬疏整理，张一栋乃是平和县安厚镇马堂张氏族人。甲辰暑月晦日，窃随文友参访“马堂张氏家庙”，其后裔族人亦向我等展示了仿古线装的《居家必备》影印本。

余曾经发愿，将以一己之力，将前述平和人编著或在平和刊刻的四部明代古籍进行点校整理出版，以赓续先贤文脉，让人们了解和邑的璀璨文化记忆。目前，《阳明先生集要》（崇祯闽刻本）已出版发行。从今年起，不肖着手整理点校《居家必备》，目前，初校已完成五万多字，对其有了粗略的了解、窥探。

“张刻本”设家仪、懿训、治生、奉养、趋避、饮馔、艺学、清课八目，共十卷，是一部汇集市井民众生存智慧的日用类书。明代日用类书大量编纂刊刻，“张刻本”正是在前人版本的基础上，通过内容增减与节目调整，编纂而成书的。这可从瞿祐《居家必备引》中得到印证。

瞿祐（1341—1427），亦名佑，字宗吉，自号存斋，浙江钱塘人，是一位早于张一栋的元末明初著名作家。瞿祐在引文中提到：“首之以家仪、以懿训……次之以趋避、以摄养……又次之以治生、以饮馔……又次之以才艺、以清课”，而“张刻本”则是将“治生”节目编辑次序前移，体现了明中后期商品经济快速发展对文化思想、书籍编纂的影响。同时，“张刻本”大量收录了明中期陈继儒、高濂、屠本畯、黄省曾、万全等名儒的文章。从中，就不难理解“张刻本”为何以瞿祐《居家必备引》代序，序文中只字未提编纂者，又为何未能在扉页标明编纂者名讳，只在前几篇题目之下署名“漳郡张一栋”。如此拨云见日般地解谜，编纂者正是以较为隐晦的方式告知后世诸生：“编纂者乃漳郡张一栋也。”

著作是时代的忠实记录，烙下了时代的印记。“张刻本”编撰于明代中叶，毫无疑问是明代百姓日常生活的宝典，也为今人探究明代中晚期的社会、经济、生活史提供了新的视角。

有明一代始立，朱元璋认为“天下初定，所急者衣食，所重者教化”，便以教化为治国之要，颁布《圣训六谕》。正是在这样的时代背景下，“张刻本”在家仪、懿训类目之前，加入张一栋本人根据朱熹《家礼》编纂而成的宗法考、冠礼考、婚礼考、丧礼考和祭礼考等多篇文稿，特别是对婚礼考不厌其详地分为议婚、纳采等若干环节，加以叙述，反映了明代社会重视礼教、礼仪的教化特点。家训族规在明代得到快速发展，特别是朱元璋对浦江郑氏的褒奖有加，以致诸多家庭、宗族纷纷效仿制订家训族规。到了明中晚期，家训族规已然进入寻常百姓的门庭堂户。“张刻本”自然而然将《郑氏家范》等名篇收录其中，反映了明代社会重视家训、族规的教化特点。此外，还收录了《居家制用》《劝善录》《遵生宝训》等劝导民众积德行善的文章，反映了明代社会重视乡约、懿训的教化特点。

张一栋出生在闽南地区，亲身见证“隆庆开洋”带来的经济繁荣发展之盛景，深刻认识到发展经济是改善民众生活的前提，也是稳定社会秩序的基础。因此，“张刻本”不仅将“治生”节目前移至更为突出的位置，更是将其分为上、下两卷，大量收录了种果疏、瓜蔬疏、种药疏以及田牧志、蚕经、养鱼经等有关经济生产的文章资料，以满足当时民众的种植、养殖之需，有效指导底层百姓发展农业经济。

到了明代，人们已是精通养生之道。为此，“张刻本”专设“奉养”节目，收录一些养生的著作，以期为百姓日常生活提供借鉴。从“张刻本”所辑文章，可窥见明人的养生方式：在医药养生上，注重本草类医药；在饮食养生上，注重四时调摄和营养均衡；在运动养生上，注重无病则防、有病则疗、病后康复的系统方法。如此养生理念，在今天看来，依然不失有一定的科学指导意义。

作为一位地地道道的闽南人，“崇拜神明”的思想观念深植其心田，认为祈福避祸是百姓生活中的头等大事。因此，“张刻本”专设“趋避”节目，收录了许多涉及风水、占验和择日方面等书稿。在今天看来，这些风水类书稿虽有封建迷信之嫌，但也具有保护生态环境和传授建筑、地质、水文等相关知识之功用，深受闽南人喜爱，在民间的传播甚为广泛。

此外，“张刻本”还分设“艺学”“清课”两个节目，收录有关饮馔、玩乐方面的文章，多少反映了明代中晚期享乐主义、奢靡之风盛行的社会风气。这里就不再细述了。

后　记

继2022年《和风》出版发行之后，我的又一部文集《和雨》即将刊印出版。这是鄙人把2022年至2024年三年间撰写发表的文稿结集成册，以记录期间的心路历程。

对“和”字的情有独钟，源自2013年参加县里的“筹备纪念平和建县500周年”务虚会。会上，我从王阳明的两份置县奏疏谈起县名的源流，认为“和”应是平和的最关键字眼，寄托着“自强不息生和气，厚德载物送和风”的美好愿景，得到与会领导、同道的认可。之后我撰写《平和话“和”》，从多个维度去阐释“和”是平和核心价值和精神之所在，更是平和文化的精髓所在。同时，还提出建设百“和”书法广场，着手向海内外书法家、贤达名士征集“和”字墨宝……可惜的是，由于种种原因，最终功亏一篑。但我对“和”字的喜爱，却始终如一，我将书斋取名“三和精舍”，延请著名学者刘传铭赐墨题匾。于是，以“和风”“和雨”作为拙作的书名，自是题中之义，也就顺理成章了。

多年以来，我习惯将自己的所见所闻、所思所想用文字的形式记录下来，留文存念，更多的是对人物事件背后的历史、起因进行探赜索隐，穷源竟委。如此一来，我的文章也就少了些许华丽辞藻的堆砌和虚构故事的铺陈，偏于“理性”，阅读起来有点晦涩，难以快速浏览。也因此，有人认为我的文章是文化类而非文学类。以我之陋见，文化是本，文学只是文化的一种表现形式而已，是末也。如果一个作家没有深厚的文化积淀，毋庸置疑，其文学作品定是肤浅的。当然，我也虚心接受他人的意见，并在平时的写作中有意加以改善。可是，我毕竟是一名工科背景的研究者，始终秉持“严谨的逻辑思维，清晰的层次条理，真实的本源史料”的治学原则和“不写假话虚言，不编荒诞故事”的写作态度。文章或许不够精彩，但力求真实可考——这也许是我步入文学殿堂形成的个人风格吧。有自己的风格，未必是坏事！记得有一次，市主要领导在向莅临平和开展调研工作的省主要领导介绍我时，说了一句“他是读塑料出身的，现在作阳明文化”。第二天，省主要领导跟我握手告别时，肯定地说：“你是读化工的，做的是化心的事。都是‘化’字，很有意义！”是的，文学除了给人愉悦之外，还应该以文化人。

人是有惰性的。之前，我每次外出游学回来，都会及时撰文记录心得，还会考究这个地方跟阳明先生的关联。但慢慢的，总是以“没时间”为由欺骗自己而搁置了写作之事，如去年的兰州、成都之行，至今未留下文字。其实，当我心生“改天再写”的念头时，明知是不善之念，但还是做不到“知行合一”，未能将这一不善之念头除得干干净净、克得彻彻底底。这或许是立志不笃所造成的。阳明先生有言：“大抵吾人为学紧要大头脑，只是立志，所谓困忘之病，亦只是志欠真切。”是故，在践行阳明学上，我还有很长的路要走，真可谓是“路漫漫其修远兮，吾将上下而求索”。

书稿得以付梓刊行，感谢福建人民出版社的倾力支持。这里，还得特别感谢天津市工会干部管理学院陈寒鸣教授屈尊拨冗作序，以光珠白玉来导秕糠，另外还要感谢家人长期的支持与包容，以促书成。凡此种种，山梁铭记在心，感恩之念永伴春秋。

闽南后学　张山梁

乙巳惊蛰前日记于三和精舍